JN028420

Trajectory Equifinality Approach

カタログ
TEA
複線径路等至性
アプローチ
——図で響きあう

サトウタツヤ・安田裕子 監修

上川多恵子・宮下太陽・伊東美智子・小澤伊久美 編

新曜社

はじめに

　本書は、読むというよりは眺めるための本である。本書のもとのアイディアは、やまだようこ・サトウタツヤ・南博文（編）『カタログ現場心理学 ── 表現の冒険』（2001 年、金子書房）である。やまだようこさんの発想による「カタログ＝図録」は現場心理学にもマッチしたが、TEA（複線径路等至性アプローチ）にこそふさわしいのではないか、と思ったのが『カタログ TEA』企画のきっかけであった。今から振り返ればこの時期は、『質的心理学研究』が創刊を迎えるころであり、また、TEA（複線径路等至性アプローチ）前夜の時期であった。ただし、『カタログ現場心理学 ── 表現の冒険』を出した時には TEA のある未来は全く想像していなかった。

　幸いなことに新曜社さんに『カタログ TEA』出版をお引き受けいただくことができ、企画が立ち上がった。編集をお願いした 4 名は、立命館大学人間科学研究科・博士課程後期課程の初年度サトゼミ入学生の皆さんである。仕事を抱えながら学問を究めるというのは大変難しいことであっただろうが（特に、コロナ禍においては新たな対応を求められる中）、掲載するための論文の検討を熱心に行い精選し、TEA の魅力を十分に引き出す論文と図が掲載されたカタログができあがったと喜んでいる。

　TEA は図による表現を大事にしているので、図を集めてカタログにするような企画はおもしろいと思っていたが、やってみたらやっぱりおもしろかった。本書のためにご自分の論文の図を掲載することを快諾し、また解説文を書いていただいた個々の著者の皆さんにも感謝したい。この 20 年の TEA の発展が多くの人の不断の努力によってもたらされたことも実感できる本になっているのであれば私としても本当にうれしい。2004 年に TEA が産声をあげてから 2023 年で 20 年が経つことになる。20 年を迎えた TEA を祝うイベントや出版はいくつか行われるだろうが、この本が幸先の良いスタートを切ってくれることだろう。

　読者の皆さんにおかれては、このカタログを、肩肘張らずに気楽に楽しんでいただきたい。そして、様々なテーマに取り組んでいる論文の図の豊かさを楽しんでいただきたい。図の多様さは単に多様であることを表しているのではない。むしろ人間や社会を理解するという共通の目的に至るための複線径路にほかならない。どのような径路を通って自分の研究の等至点あるいは自分が目指す価値（北極星的展望）に到達するか、いろいろと想像しながら自分の研究に取り入れてほしいと願っている。

2022 年 12 月 9 日

サトウタツヤ

目　次

CATALOG TEA TABLE OF CONTENTS

装幀＝はんぺんデザイン　吉名 昌

TEA
（複線径路等至性アプローチ）
とは

I

TEAの多様性と
研究手法としての魅力

宮下太陽

研究者を惹きつける TEA の魅力

本書『カタログ TEA ── 図で響きあう』は、TEAの方法論としての大きな特徴の一つである、モデルの作図（TEM 図や TLMG 図）に焦点をあてた書物である。

これまで TEA に関する書籍は数冊出版されており、第 2 章でも紹介する基本概念や、理論の骨格については TEA を用いる研究者の間で概ね理解されているといえる。

研究者にとって、TEA の魅力は探求したい現象を研究できる道を理論的に拓いたこと（歴史的構造化ご招待：HSI）である。そして、得られた研究データについて、モデリングを通じて作図（複線径路等至性モデリング：TEM）することにより、一つの事例報告にとどまらない形で、成果を他の文脈に適用できるよう、研究の発展性を高めたことである。この研究の自由度の大きさと転用可能性の広がりが、今日多くの研究者が TEA に関心を寄せ、心理学の枠を超えてさまざまな領域で TEA が使われている魅力になっていると思われる。そして研究の転用可能性の質を左右するのが、まさに図（TEM図、TLMG 図）であるといえる。

本書の目的と編集方針

TEA 研究におけるハイライトの一つともいえる図そのものを「愛でよう」という趣旨で企画・発刊されたのが本書である。

TEA においては、TEM 図や TLMG 図の作図の方法として、非可逆的時間の流れのなかで、「実現したこと」と「実現しなかったこと」をベースに第 2章で示す基本概念を用いて描くという原則が示され

ている。それらの原則以外は、具体的な手続きが詳細に規定されているわけではなく、研究者の裁量に委ねられている部分も大きい。そのため、実際のTEM 図や TLMG 図には研究者の創意工夫の跡がいたるところに見られることになる。ただ、一方このような図の多様性は、初学者からすると、やや職人技のように見え、少しとっつきにくい印象を与えてしまうということもまた事実としてあったのではないだろうか。

そこで、本書ではこれまでの TEA 研究において生み出されてきた魅力的な TEM 図、TLMG 図を集め、カタログ的に提示することで、すでに TEA 研究を実践している方も、これから TEA 研究をはじめようという方も、自身の研究領域や関心に沿って、参考となる図を見つけることができるように心がけた。まさに本書のタイトルを『カタログ TEA』とした所以である。

本書に掲載する図を選ぶにあたり、編者である上川・宮下・伊東・小澤の 4 名で、2011 年から 2020年 3 月までに発表された TEA を用いた論文や書籍および学会発表、あわせて 168 件を手分けして確認した。各編者が関心を寄せた図を取り上げたうえで、監修者の二人（サトウタツヤ・安田裕子）も含めて、図の魅力について議論するというプロセスを経て、最終的に本書に寄稿いただいた 28 名の研究者による 25 個の図を抽出した。もちろん本書で紹介する図以外にも、研究成果を伝えるための多くの工夫がなされた図が多数存在したことは言うまでもない。

本書の構成

抽出した 25 個の図とその母体となる研究はどれ

も魅力的で各研究者の思いがあふれており、一つひとつの図が非常に個性的である。第Ⅱ部「TEAを用いた研究 ── 図の描き方実例集」では、これらを以下の6つのカテゴリに分けて紹介することとした。

第3章　ライフの径路を捉える
第4章　他の研究法／手法／方法論を組み合わせて描く
第5章　変容の過程を発生の三層モデルで描く／発生と変容を描く
第6章　見せ方に趣向を凝らす
第7章　葛藤を可視化する
第8章　複数の図で関係を描く

第3章にはTEAの研究を見慣れていない方にも分かりやすい図を集めているので、TEA初学者の方は、まずは第3章をお読みいただくのがよいと思う。第4章以降は読者の皆さんの関心に応じて、どこから読んでいただいてもいい形に構成しているので、ぜひカタログをめくる気持ちで、ご自身が気になった個所からお読みいただきたい。

本書で紹介する25個の図は、それぞれ各研究者の方の解説ともに紹介されている。研究者が、どのような思いで、データと向き合い、作図されたのかが分かり大変参考となる。読者の皆さんにもぜひその熱量を感じていただき、一つひとつの図と響きあうことで、自身のフィールドで現象と向き合う際のヒントにしていただければ幸いである。お忙しいなか、本書に寄稿していただいた28名の研究者の方々にはこの場を借りて心より御礼申し上げる。

また第Ⅱ部の各章の章末には、TEAを用いて研究に取り組んだ方であれば、一度は直面するであろう悩みについて解説するコラムがある。各編者が現在進行形で悩んでいることでもあるので、唯一絶対の解としてではなく、読者の皆さんが自分なりの回答を考えるきっかけとして読んでいただければ幸いである。

第Ⅲ部「TEAのこれから」では、TEAという方法論をこの世に送り出し、育んできた監修者の二人（サトウタツヤ・安田裕子）による対談（2021年1月）「満17歳を迎えたTEA ── その径路と未来展望」が収録されている。はじめてTEAに触れる方はもちろんのこと、これまでTEAに慣れ親しんできた方にとっても大変おもしろく、参考となる情報であふれているのでぜひ楽しんで読んでいただきたい。

また、これからTEAを実際に研究で使ってみたいと考えている読者を想定して、第4回TEA国際集会（2021年1月）で実施した講習会／ワークショップ「TEA（複線径路等至性アプローチ）の技法、トランスビューを体験しよう」の内容も第Ⅲ部に収録されている。初学者のみならず、すでにTEAを用いている研究者にとってもあらためて確認しておくべき重要な考え方が記されているので、TEA研究を実践する際に座右に置いていただくとよいのではないだろうか。

TEAで捉える人と記号とのせめぎ合い

最後に、「TEAで作図しようとしている対象とは何であるか」について、少し理論的な補足を行いたい。

そもそも、TEAは異なる人生や発達の径路を歩みながらも類似の結果にたどり着くことを示す等至性（equifinality）の概念を、発達的・文化的事象に関する心理学研究に組み込んだヤーン・ヴァルシナー（Jaan Valsiner）の創案に基づいて開発されたという歴史をもつ（安田, 2019）。

ヴァルシナーは、ヴィゴーツキー流の文化心理学の立場から、記号について考える際に時間を取り入れることの重要性を指摘（サトウ, 2019）し、記号による調整（semiotic mediation）こそが文化であると位置づけている（Valsiner, 2017）。

記号による調整について、ヴァルシナーは心理的プロセスとしての記号過程を重視し、何か新しいことへ人を導く記号の働きを捉えて、未来を構築するガイドとして機能する促進的記号という概念を提示した（Valsiner, 2007）。また、サトウはさまざまな記号に囲まれて生活をするなかで、特定の記号が人の行動を促す場合があるとして、そこにおいてこそ促進的記号の働きがあると考える必要があると述べている（サトウ, 2017）。

TEAは記号論的文化心理学に立脚した方法であり、非可逆的な時間経過のなかで、人と記号との

相互作用過程を実存的に記述する方法である（宮下・上川・サトウ，2022）。この相互作用過程の記述という観点に焦点をあてると、TEM 図であれ、TLMG 図であれ、人生の径路において、記号がどのように働いているのかを捉えることが作図における非常に重要なポイントとなるといえる。

　サトウは、TEM 図では分岐点で、TLMG 図では第 2 層で記号が働いていると指摘している（サトウ，2022）。人はそれぞれ多様な径路を歩みながら、実存的なライフ（生命・生活・人生）を歩んでいる。そのなかで、どのように人と記号とのせめぎ合いが起こっているのかという点に、研究者がより自覚的に焦点をあて図を描こうとすることが、より魅力的な TEM 図や TLMG 図につながっていくのではないだろうか。

　本書がきっかけとなり、TEA がまた新たなフィールドで活用されるようになるとともに、本書に掲載した多様な図にインスピレーションを受けた読者から、これまでになかったような新たな TEM 図や TLMG 図が生み出されることを編者一同心から願っている。

文　献

宮下太陽・上川多恵子・サトウタツヤ（2022）TEA（複線径路等至性アプローチ）における記号概念の考察 ── パース，ヴィゴーツキー，ヴァルシナーを手がかりに，立命館人間科学研究, 44, 15-31.

サトウタツヤ（2017）TEA は文化をどのようにあつかうか ── 必須通過点との関連で．安田裕子・サトウタツヤ（編著），TEM でひろがる社会実装 ── ライフの充実を支援する（pp.208-219）．誠信書房.

サトウタツヤ（2019）記号という考え方．木戸彩恵・サトウタツヤ（編），文化心理学 ── 理論・各論・方法論（pp.27-39）ちとせプレス.

サトウタツヤ（2022）TLMG（発生の三層モデル）価値と行為を媒介する記号の働きに着目する．安田裕子・サトウタツヤ（編著），TEA による対人援助プロセスと分岐の記述 ── 保育，看護，臨床・障害分野の実践的研究（pp.28-42）．誠信書房.

安田裕子（2019）TEA（複線径路等至性アプローチ）サトウタツヤ・春日秀朗・神崎真美（編），質的研究法マッピング ── 特徴をつかみ，活用するために（pp.16-22）．新曜社.

Valsiner, J. (2007) *Culture in minds and societies: Foundations of cultural psychology*. Los Angeles, CA: SAGE Publications. （ヴァルシナー／サトウタツヤ（監訳）（2013）新しい文化心理学の構築 ── 〈心と社会〉の中の文化．新曜社.）

Valsiner, J. (2017) *Between self and societies: Creating psychology in a new key*. Tallinn, Estonia: Tallinn University Press.

第2章

TEAの基本概念一覧

(五十音順)

上川多恵子

第Ⅱ部「TEA を用いた研究 ── 図の描き方実例集」を掲載するにあたり、本章では
TEA に関わる諸概念を紹介するとともに、後半では TEM 図の構成例を掲げる。

価値変容経験
VTE : Value Transformation Experience

個人の価値が変わるような大きな出来事について記述する概念のこと。変容の内面的経験の記述を中心にしたい場合に有用であるとされる。

価値変容点
VTM : Value Transformation Moment

価値変容経験（個人の価値が変わるような経験）、あるいは何か得心がいった状態を表し、**発生の三層モデル**における最上層が変容する「時」を記述する概念のこと。内面的経験が変容する時間に注目したい場合に有用であるとされる。

社会的方向づけ　SD : Social Direction
社会的助勢　SG : Social Guidance

SD は**等至点**（EFP）に向かう個人の行動や選択に制約的・阻害的な影響を及ぼす力を象徴的に表した諸力のこと。SG は EFP に向かう有り様を促したり助けたりする力を象徴的に表した諸力のこと。「社会的」と付されているが、「自尊心が邪魔をする／自尊心に助けられる」などといった場合の「自尊心」もまた、SD および SG として捉えることができる。SD および SG は拮抗関係にあり、その振る舞いの読み説きは**分岐点**（BFP）やそこでの緊張状態を捉えることにつなげることができる。

セカンド等至点
2nd EFP : Second Equifinality Point

等至点（EFP）以後の当事者にとっての目標や展望のようなものを焦点化するポイントのこと。研究者が聞き取った話をもとにして、本人にとって重要な未来展望を切り出すということであり、EFP だけでなく、2nd EFP を描き出すことによって、より当事者に対する理解を高めることができる。つまり、当事者本人にとっての EFP を 2nd EFP と概念化することができる。

促進的記号
PS : Promoter Sign

行動を駆り立てる記号のこと。記号のなかでも人を動かす機能をもったもので、行動変容（と維持）を理解するために重要となる。

対話的自己
DS : Dialogical Self

さまざまな自己がそれぞれのポジションで役割を果たすのが自己であるという考え方のこと。ヒューバート・ハーマンス（Hubert Hermans）の対話的自己理論（Dialogical Self Theory：DST）に基づいている。自己をダイナミックで多様なⅠ−ポジション（自己の異なる側面）の観点から記述することができ、**複線径路等至性モデリング**（TEM）では「個人の人生において道標となる記号が失われた状態（不定：uncertainty）」の状況下において自己対話という形で設定される。そのため、分岐点における対

話的自己という形で示そうとする。

統合された個人的志向性
SPO : Synthesized Personal Orientation

　個人の内的な欲求や意志を強調したい場合に用いると有効な概念であり、その目標に向かって絶えざる努力を行う力を概念化したもの。目標が失われたり、実現できなかったりしたとしても、簡単に代替案を選ぶことなく、その目標に固執して近づこうとする場合もある。TEM では代替選択肢を重視するのだが、それは代替選択肢の可能性をみることができずに一つの選択肢に固執せざるをえない事態へのアンチテーゼであって、目標が達成されない場合に簡単に断念することを推奨するわけではない。このように、その目標に向かって絶えざる努力を行う力を概念化したものである。

等至性
Equifinality

　複線径路等至性アプローチ（TEA）の根幹となる概念のこと。「複数の異なる径路を通ったとしても同じ到達点に達する」というのが等至性の字義通りの意味であり、等至性は複線径路と切り離せない概念である。異なる人生や発達の径路を歩みながらも類似の結果にたどり着くことを示す等至性（Equifinality）の概念を、発達的・文化的事象に関する心理学研究に組み込んだのはヤーン・ヴァルシナー（Jaan Valsiner）であり、このことが質的研究法としての TEA（複線径路等至性アプローチ）発展の基礎となった。

等至点
EFP : Equifinality point

　研究目的に基づき，ある行動や選択を焦点化するポイントのこと。等至性を具現化するポイントが概念化されたものである。個々人が固有な径路をたどっていても、時間経過のなかで、等しく（Equi）到達する（Final）ポイントがあるという考え方の背景には、人のライフ（生命・生活・人生）が、歴史的・文化的・社会的文脈に埋め込まれたなかで、時間とともになりゆくものである、という見方が存在する。研究法の観点からみれば、EFP とは研究者が

関心をもった現象であり、研究したいことは何でも EFP として設定できる。つまり、EFP が研究テーマになるということが TEA の一つの特徴であるといえる。しかし、研究者が最初に設定した EFP に固執するのではなく、インタビューを通じて TEM 図を描くときに何度か研究協力者と会うなかで、研究者自身の思い込みを打ち砕いていく必要がある。

発生の三層モデル
TLMG : Three Layers Model of Genesis

　複線径路等至性アプローチ（TEA）における自己モデルのこと。TLMG は、開放系としての人間が記号を媒介として外界と相互作用する際のメカニズムを 3 つの層として仮説的に考えるものであり、層と層の境目は細胞膜のようなものであると仮定する。第 1 層は行為、第 2 層は記号（**促進的記号**が発生すると考える）、第 3 層は信念・価値観の層を意味する。行動や選択に劇的な変化が生じても信念・価値観は変わらない（維持される）有り様や、信念・価値観に変容が生じる行動や選択は即座に変わりえない（維持される）有り様も捉えることができる。各層では、外界から記号が取り入れられるが、跳ね返されるものもあれば、浸透していくものもあり、浸透する際にも記号がそのままの場合もあれば、変容が起きる場合もある。多くの記号はそれまでにもっている個人の価値観などに同化されていくが、層の最も中心にまで至った記号は、個人の価値観を変える場合があると考える。つまり、外部に存在するさまざまな情報は単なる情報であるといえるが、TLMG の中間層において促進的記号が発生することによって、そのような外部に存在するさまざまな情報と個人の変容を理解し記述しようとする方法論であるといえる。

非可逆的時間
Irreversible Time

　生きられた時間に力点をおいた時間概念のこと。フランスの哲学者アンリ・ベルクソン（Henri Bergson）に由来する。矢印（→）で示された時間を空間的に表すのではなく、単位化せずに非可逆的なものとして扱うことを指している。つまり、時計で計時可能な時間ではなく、矢印（→）は当事者の

経験に即した時間の流れ、持続的かつ生きられた時間を表象している。また、人の行動や選択は、決して後戻りすることのない時間の持続のなかで実現するということを含意する。

必須通過点
OPP : Obligatory Passage Point

　等至点（EFP）を経験した人のうち「通常ほとんどの人」がある状況に至るうえで必ず通るもの，また制度・法律・慣習など文化的・社会的・現実的な制約の有り様とそれをもたらす諸力をみつける手掛かりになるポイントのこと。人がある経験をするにあたり、必ずゆきあたる出来事や突きつけられる行動選択があるとすれば、それは必須通過点とされる。人の行動や選択には自由度があり、その経験には多様性がみられるにもかかわらず、ほとんどの人が経験せざるをえないようなことがあれば、そこには何らかの制約的な力がかかっていると考える。

複線径路等至性アプローチ
TEA : Trajectory Equifinality Approach

　歴史的構造化ご招待（HSI：Historically Structured Inviting）、複線径路等至性モデリング（TEM：Trajectory Equifinality Modeling）、発生の三層モデル（TLMG：Three Layers Model of Genesis）という3つの方法論的理論から構成される質的研究法に関する総体（ゲシュタルト）のこと。HSI、TEM、TLMGはそれぞれヤーン・ヴァルシナー（Jaan Valsiner）によって理論的重要性が指摘されていたものだが、これらが統合されて方法論として形をなしたのは日本の研究者たちが経験的研究を行いながら洗練させてきた結果である。

複線径路等至性モデリング
TEM : Trajectory Equifinality Modeling

　人間の経験を扱い、人間の時間経過とともにある文化化の過程、人生径路のモデルを描いていく手法のこと。TEM は人間を開放システムとして捉えて人間の発達や人生径路の多様性と複線性を描くという特徴をもち、個々人のライフ（生命・生活・人生）に関するテーマについて、その人が生きてきた時間を重視しながら考える方法論である。また、

TEM には等至点（EFP）などさまざまな概念ツールがある。TEM は分析の生成的な有り様を適切に表現するべく、2004年に生まれた複線径路等至性モデル（Trajectory Equifinality Model）という名称から複線径路等至性モデリング（Trajectory Equifinality Modeling）へとその名称を変えている。

分岐点
BFP : Bifurcation Point

　文化的・社会的な制約と可能性の下で実現される意思や葛藤・迷いを含む個別多様な歩みを複数に分かつポイントのこと。分岐点として捉えられるポイントは、すでにそこにある明示的な分かれ道のようなものばかりではない。時に人は過去を振り返り、あそこが転換点だったと気づくようなこともあるからである。分岐点は、本来的には持続する時間とともに発生するものとして概念化された。言い換えれば、分岐点の概念は、人が今を歩み進めるなかで ── その過程では、必ずしも可視的な選択岐路が存在するばかりではない ── 、何らかの局面においてある転換点が立ち上がりうる、という未来志向的な有り様を意識化させてくれるものである。

目的の領域
ZOF : Zone of Finality

　設定された目的が曖昧な状況で、未来の見通しに一定の幅があることを示す概念のこと。個人の目的が明確になっているとき、その目的は点的（point-like）であるが、そうした目的が崩壊した場合、人は代わりの目標や次善策をすぐに、あるいは簡単に設定できるわけではない。こうした場合、A は無理だったが、B にはなりたくない、というような曖昧な未来の見通しが設定されることが多い。こうした域的（field-like）な目標設定のことを目的の領域と呼ぶ。なお、Zone of Finality の Finality はセカンド等至点（2nd EFP）を含み込んだものであるとして概念化している。目的の領域は目標の領域と呼ばれることもある。

ラプチャー（突発的出来事）
Rupture

　「たまたま」起きた出来事のうち、個人に対して

大きな影響を与える出来事という概念。スイスの発達心理学者タニア・ジトゥン（Tania Zittoun）は、ラプチャーはある主体的観点から人が新たな行為の方法と結びつくことを求めているものといえるとしている。TEM を用いて、異なる人々が同一あるいは同等の出来事とどのように折り合いをつけるのかを鳥の目（アブダクションを通して、ある人生の継起と等価な人生のあり方、可能であった人生のすべての径路に力強く光をあてること）によって観察でき、亀の目（より内在的に人は何をみて何を経験し、そこからさらに何をみるのかを考えること）によって、どのような習慣があり、ある出来事がいつラプチャーとして経験されたのか、何が課題であり、何がそれまでに「当然のこと」となっていたのかなど、人々の経験を検証することができる。

両極化したセカンド等至点
P-2nd EFP : Polarized Second Equifinality Point

セカンド等至点（2nd EFP）とは価値的に背反したり，2nd EFP の補集合となるような行動や選択を捉えたりするポイントのこと。等至点（EFP）やセカンド等至点（2nd EFP）、両極化した等至点（P-EFP）や両極化したセカンド等至点（P-2nd EFP）を適切に定めることができれば、可視化した径路の真正性を高めることができる。

両極化した等至点
P-EFP : Polarized Equifinality Point

等至点（EFP）とは価値的に背反したり，EFP の補集合となるような行動や選択を捉えたりするポイントのこと。EFP の補集合的事象を設定するために概念化されたものである。両極化した等至点（P-EFP）を設定することで、そこに至る経験にも目配りしながら分析を行いやすくなり、みえにくくなっている径路が捉えやすくなるという効用がある。また、研究知見の宛先となる読み手に対しても、当該経験の複線性・多様性への理解を促すものとなる。

歴史的構造化ご招待
HSI : Historically Structured Inviting

研究者が関心をもった現象を経験した人をお招きして話を聴く手続きのこと。具体的な特定の個人が経験する事象は唯一無二のものであるが、時空を限定する場合には「同一ではないが似ている」経験をカテゴリー化できる。この「似ている経験」を研究者が等至点（EFP）と見なし、その経験者をお招きしてその経験を披瀝してもらい、研究対象とするプロセスのことである。以前は「歴史的構造化サンプリング（Historically Structured Sampling）」と呼んでいたが、TEA（複線径路等至性アプローチ）においてはサンプリングというような、対象を客体化、匿名化することをやめ、ご招待という語を用いることにした。つまり、母集団の一つのサンプルとして人の話を聞くのではなく、研究者自身が関心を寄せた事象を経験した人をお招きし、その方の話をうかがうという側面を強調している。この点において、ランダム・サンプリングなどとは対極の方法となっている。

TEM 図の基本構成例（図2-1）

本 TEM 図の例は以下の基本概念から構成されている。

① 非可逆的時間
② OPP（必須通過点）
③ BFP（分岐点）
④ SD（社会的方向づけ）
⑤ SG（社会的助勢）
⑥ 対話的自己
⑦ ZOF（目的の領域）
　※対話的自己からみた目的の領域
⑧ EFP（等至点）
⑨ P-EFP（両極化した等至点）
⑩ 2nd EFP（セカンド等至点）
⑪ P-2nd EFP（両極化したセカンド等至点）

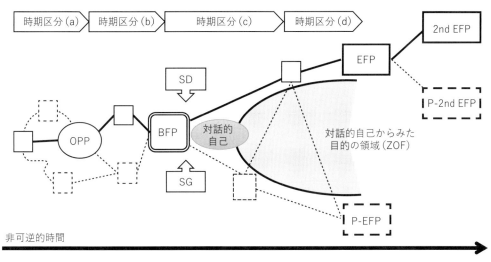

図2-1　TEM図の基本構成例

これら11の基本概念に加えて，人生径路を区分するような画期的な出来事（画期点：期を画する経験）があり得ると想定し，**「時期区分」の一例**として径路を（a），（b），（c），（d）の4つに区分して図を描いている。

人生径路の時期を分けることについて，サトウ（2012b）は語られたライフストーリーに画期点が立ち現れることが必須ではないとしたうえで，「TEMにおいては，必須通過点もしくは分岐点のいくつかの前後でライフの質が変わるようなことがあれば，それは画期点だといえる。もちろん，その前後で時代がスパッと区切れるわけではないが，メルクマールとなる時期に注目することは重要である」（p.233）と論じている。「画期点」が必須ではないという観点から，「時期区分」を基本概念として取り上げてはいない。それでもなお重要な役割を果たす一つの概念であると考え，本書ではTEM図の基本構成例に加えている。

線種や囲みの図形の意味

TEM図では，それぞれの概念をわかりやすく区別するために線種や形状を変更するとよい。図2-1では，実際に通った径路は実線で描いているが，可能な径路（実際には通っていないが，あり得ると想定される径路）は点線で描いている。また，OPPは楕円形，BFPは二重線を用いた四角を用いるなど，概念ごとに形状を変えているのが特徴である。

SDおよびSGは社会的な力が加わるという意味で矢印を用いた図形を使用している。

作図にはMicrosoft PowerPoint、Excel、Wordのほか、AppleのKeynote、AdobeのIllustratorなどのツールが用いられる。ツールのもつ特性や自由度に差があり、また、研究者によっても図の描き方や見せ方の工夫はさまざまである。本書第Ⅱ部では、それぞれの図における描き方の違いをみることができる。

技術的な留意点

最後に論文として投稿する際に留意しておくとよい点を挙げる。

①モノクロ印刷で見やすいか（カラーの場合はグレースケールに変換して確認する）
②小さい文字を詰め込みすぎていないか
③明朝体とゴシック体を効果的に使い分けているか

特に文字サイズには注意が必要である。例えばA4サイズで作成した図をB5サイズに縮小する場合、文字サイズを7ポイント以下にすると、実際に印刷したときに文字が小さすぎてつぶれたり、読みにくくなったりする。論文化や書籍化する際には掲載する紙面にあわせて縮小コピーで確認するとよい。

文　献

廣瀬眞理子（2015）テキストマイニングとTEM ── 構造への着目と変容への視点，注［12］．安田裕子・滑田明暢・福田茉莉・サトウタツヤ（編），ワードマップTEA 実践編 ── 複線径路等至性アプローチを活用する（p.205）．新曜社．

サトウタツヤ（2012a）TEM入門編 ── 丁寧に，そして気楽に（楽に雑にはダメ）．安田裕子・サトウタツヤ（編著），TEMでわかる人生の径路 ── 質的研究の新展開（pp.1-48）．誠信書房．

サトウタツヤ（2012b）理論編 ── 時間を捨象しない方法論，あるいは，文化心理学としてのTEA．安田裕子・サトウタツヤ（編著），TEMでわかる人生の径路 ── 質的研究の新展開（pp.209-243）．誠信書房．

サトウタツヤ（2015a）複線径路等至性アプローチ（TEA） ── TEM, HSI, TLMG．安田裕子・滑田明暢・福田茉莉・サトウタツヤ（編），ワードマップTEA 理論編 ── 複線径路等至性アプローチの基礎を学ぶ（pp.4-8）．新曜社．

サトウタツヤ（2015b）図1-5　TEMにおける2つの次元．安田裕子・滑田明暢・福田茉莉・サトウタツヤ（編），ワードマップTEA 理論編 ── 複線径路等至性アプローチの基礎を学ぶ（p.12）．新曜社．

サトウタツヤ（2015c）等至性と複線径路 ── 両極化した等至点とZOF（ゾーン・オブ・ファイナリティ）へ．安田裕子・滑田明暢・福田茉莉・サトウタツヤ（編），ワードマップTEA 理論編 ── 複線径路等至性アプローチの基礎を学ぶ（pp.30-34）．新曜社．

サトウタツヤ（2015d）EFPとセカンドEFP ── 等至点の再設定の可能性．安田裕子・滑田明暢・福田茉莉・サトウタツヤ（編），ワードマップTEA 実践編 ── 複線径路等至性アプローチを活用する（pp.8-12）．新曜社．

サトウタツヤ（2017a）複線径路等至性アプローチ．末武康弘・諸富祥彦・得丸智子（さと子）・村里忠之（編），「主観性を科学化する」質的研究法入門 ── TAE を中心に（初版第2刷）（pp.82-93）．金子書房．

サトウタツヤ（2017b）等至性とは何か ── その理念的意義と方法論的意義．安田裕子・サトウタツヤ（編著），TEMでひろがる社会実装 ── ライフの充実を支援する（pp.1-11）．誠信書房．

サトウタツヤ（2019）記号という考え方 ── 記号と文化心理学　その1．木戸彩恵・サトウタツヤ（編），文化心理学 ── 理論・各論・方法論（pp.27-39）．ちとせプレス．

安田裕子（2015a）促進的記号と文化 ── 発生の三層モデルで変容・維持を理解する（その1）．安田裕子・滑田明暢・福田茉莉・サトウタツヤ（編），ワードマップTEA 実践編 ── 複線径路等至性アプローチを活用する（pp.27-32）．新曜社．

安田裕子（2015b）分岐点と必須通過点 ── 諸力（SDとSG）のせめぎあい．安田裕子・滑田明暢・福田茉莉・サトウタツヤ（編），ワードマップTEA 理論編 ── 複線径路等至性アプローチの基礎を学ぶ（pp.35-40）．新曜社．

安田裕子（2017）生みだされる分岐点 ── 変容と維持をとらえる道具立て．安田裕子・サトウタツヤ（編著），TEMでひろがる社会実装 ── ライフの充実を支援する（pp.11-25）．誠信書房．

安田裕子（2019）TEA（複線径路等至性アプローチ）．サトウタツヤ・春日秀朗・神崎真実（編），質的研究法マッピング ── 特徴をつかみ，活用するために（pp.16-22）．新曜社．

ジトゥン, T.（2015）移行，イマジネーション，そしてTEM ──「鳥の目」からの分析，「亀の目」からの分析（木戸彩恵, 訳）．安田裕子・滑田明暢・福田茉莉・サトウタツヤ（編），ワードマップTEA 理論編 ── 複線径路等至性アプローチの基礎を学ぶ（pp.97-100）．新曜社．

TEA
を用いた研究
── 図の描き方実例集

第3章

ライフの径路を
捉える

1 実現した径路と実現しなかった径路を丁寧に描くことで深まる分析
2 日本語を学ぶ韓国人ろう者のライフストーリー —— 複線径路等至性モデリング（TEM）を用いて
3 縦型 TEM 図で4±1の TEM 図に挑戦 —— 径路の共通項と多様性をすっきり可視化
4 同一信念が SG にも SD にも —— その狭間で多様な深みをみせる専門職のキャリア
5 ご招待したのは知人 —— 研究者と協力者の信頼関係が紡ぐ細かい心情描写

column 1　HSI でどんな方をお招きするか

　等至点（EFP）・両極化した等至点（P-EFP）に向かう径路の中に、必須通過点（OPP）や分岐点（BFP）を配置し、そこに加わる社会的方向づけ（SD）・社会的助勢（SG）の力を示すのが TEM 図の基本的構図である。本章では、研究者らが、それらの概念をいかに特定し、どのように描いたかを見てほしい。また、基本形の枠内でも、1名の径路を丁寧に描いた TEM 図もあれば、複数名の径路を1枚にまとめたもの、縦型にして左右からかかる SD と SG のせめぎあいの中の発達を描いたものなど、多様な図が描かれていることや、相手のライフに迫る中でセカンド等至点（2nd EFP）を見出したり、自らのライフに思いを巡らせたりした研究者の様相にも注目していただきたい。

実現した径路と実現しなかった径路を
丁寧に描くことで深まる分析

［論文］若杉美穂（2019）日本語教師のキャリア形成における大学院進学の意味づけ. 日本語日本文学論叢，*14*，49-62.（図は原著の図2を一部改変）

［要旨］日本語教師を経て、大学院へ進学する初任期日本語教師はどのような経験をしているのか。本研究では、日本語教師を志したころから大学院進学までのプロセスとその意味づけを明らかにした。
［対象］大学で日本語教師養成課程を修了後、日本語学校で非常勤講師として働き、大学院へと進学した鈴木さん（仮名）
［分野］日本語教育学
［EFP（等至点）］自分の求める教師になるための、軌道修正として、大学院へ進学する

実現しなかった径路の配置①：BFP1

鈴木さんは SG「学校の枠に縛られる」等により、BFP1「国語教員のイメージが下がる」経験をした。イメージが下がりながらも国語教員養成課程を受講し続けていたことから、理論的に考えられる径路を「国語教師になる」とした。鈴木さんにとって「国語教師になる」ことは「学校の枠に縛られた」教師になることを意味しており、実際には SG「成長を実感できる」日本語教師へと傾倒していく。「国語教師になる」を実現しなかった径路とすることにより、鈴木さんの持つ教師像が浮き彫りとなってきた。この教師像は後に BFP3、BFP4 を後押しする力となって、径路を EFP へと収束させていく。

実現しなかった径路の配置②：BFP2

鈴木さんは大学卒業前に、ゼミ教員から BFP2「大学院を勧められる」が SD「研究したいことがない」等により、大学院進学をしない。ゼミ教員の勧めであることや先輩である院生との関係を考えると、研究テーマがなくても大学院へ進学することは可能性として考えられた。よって、実現しなかった径路を「やりたいことはないが大学院へ進む」とした。鈴木さんにとって大学院とは研究をする場であり、また研究することがないため行く必要がないと意味づけられていたことがわかる。その後、日本語学校の日本語教師になるが、大学での経験をきっかけに BFP4「自己の求める教師像の再確認」、BFP5「批判的に振り返る」を経て、EFP「自分の求める教師になるための、軌道修正として、大学院へ進学する」へと進む。「やりたいことはないが大学院へ進む」と EFP を比べると、大学院進学への意味づけが変容していることがわかる。日本語教師を経験する過程で、大学院進学の意味が形成されてきたの

である。教員より研究の説明を受けた後、SG「研究テーマがみつかりそう」だと予想できたことで、教員からの SD「励まし」が受け入れられて EFP へと進んでいく。

実現しなかった径路の配置③：BFP3・5・6

BFP5「批判的に振り返る」の実現しなかった径路は、P-EFP「場所を変えず、こなすだけの日本語教師を続ける」とした。批判的に振り返り気づきを得たとしても、必ず次の行動が起きるわけではないことが予想されたからである。

BFP3 の実現しなかった径路「条件に納得できないまま海外へ行く」は、それまで鈴木さんをゆるぎなく後押し続けていた SG「海外で活躍する日本語教師のイメージ」が SD「貯金ができない」「誰でもいい採用基準」などの不安や違和感に押されてしまったことを表している。納得できなければ進まないという鈴木さんの価値観が見えてきた。同様なことが BFP6 でも考えられたため、自ら大学院進学を目指したとしても、不安が解消されなければ行動の変化が起きなかった可能性を P-EFP に収束する形で描いた。それにより、変容と維持の過程を理解することができた。

実現しなかった径路の選択

TEM 図を作成中、実現しなかった径路をどう描くか迷い、書いては消しを繰り返していた。そのうち、実現しなかった径路に対する鈴木さんの意味づけを考えるようになり、教師像や価値観が浮き彫りとなってくることに気がついた。またそれが EFP、P-EFP とつながる感覚を持つようになった。その感覚を基準にして TEM 図を描くことにした。

〔若杉美穂〕

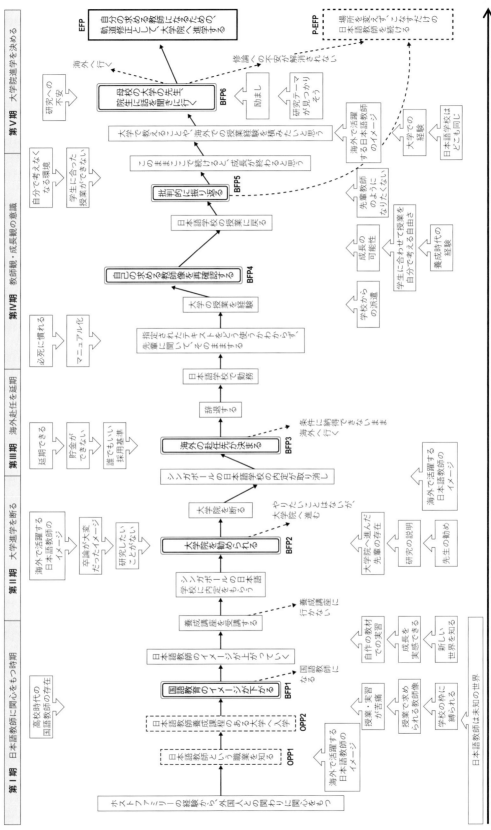

図3-1　大学院進学を選択するまでの鈴木さんのプロセス

日本語を学ぶ韓国人ろう者のライフストーリー
—— 複線径路等至性モデリング（TEM）を用いて

［論文］若月祥子（2015）日本語を学ぶ韓国人ろう者のライフストーリー —— 複線径路等至性モデル（TEM）を用いて．日本学報，*104*，17-31.（図は原著の図 3 を一部改変）
［要旨］手話を第一言語とするろう者にとって、外国語を学ぶことは容易ではない。本研究では、日本語に興味を持つようになり、自ら日本語学習を始め、海外の人々と交流するようになったある韓国人ろう者のライフストーリーを TEA により可視化し、日本語教育が貢献できる可能性について考察した。
［対象］自ら日本語学習を始めた韓国人ろう者（20 代男性）1 名
［分野］日本語教育学
［EFP（等至点）］自ら日本語学習を始める

研究動機の EFP とその先に見えた 2nd EFP

韓国人ろう者として生まれた H さん（20 代男性）が、外国語である日本語をどのような経緯で自ら学ぶ（EFP）ようになったのかを知りたいと思い、インタビューを依頼した。インタビューを進めていくうちに、H さんにとって日本語学習は始まりに過ぎず、海外と交流を続け積極的に活動していることこそが彼の人生にとってより大きな意味を持つのではないかと考え、「持続的に海外と交流」を 2nd EFP に設定した。

2 つの言語習得（OPP）と BEP

H さんは、口話学校、普通学校を経て「聾学校に転校」（BFP1）する。聾学校に行かなければ「手話を第一言語として習得」（OPP1）することはできず、手話を習得しても「フリースクールに通う」（BEP2）ことがなければ「韓国語を第二言語として習得」（OPP2）することにつながらなかったと考えられ、これらが「自ら日本語学習を始める」（EEP）に至る大きな転換点となっている。また、就職後「工場を退職」（BFP3）し、時間的制約から解放されたことにより青年団体などを通して海外交流をすることができたこと、知人の紹介で「Skype による韓国手話講座」（BFP4）を始めたことにより、直接のかかわりができ、これらが「持続的に海外と交流」（2nd EFP）するきっかけとなっていることがわかる。

詳細を再記述した SG と SD

H さんは、骨折がきっかけとなって寮生活から自宅通学となるが、自宅には手話を理解する家族がいない。テレビを見ても字幕がないのでつまらない。だが、このような一般的にはマイナスと思われるような状況が、寮とは異なり「家で自由にインターネットが使える」（SG）、インターネットで見る「日本のドラマには（韓国語）字幕がある」（SG）、という日本語を学習するという EFP に向かうにはかえってプラスの方向を生み出していることが読み取れる。ただ、全体図では紙面の都合上、SG や SD の詳細を記述することができなかったため、全体図では概略のみを示し、第 1 期から第 4 期までに区分した詳細図で SD や SG の内容を細かく記した。

3 言語を駆使したトランスビュー

H さんに対する 1 回目のインタビューでは手話通訳士を依頼したが、相互の知人だったことも影響し、通訳士が解釈や例を加えて手話で表現したり、質問者に直接答えてしまったりするという問題が起こったため、2 回目以降は筆者が直接、韓国手話でインタビューを行った。だが、筆者の手話能力では H さんの話の大要はつかめても細かい表現の読み取りに限界があったため、韓国手話がわかる日本人聴覚障害者に韓国手話から日本語への一次翻訳を依頼した。それらを踏まえ、3 回目のインタビューの際には韓国語で作成した TEM 図を H さんに見せながら確認する作業を行った。H さんは、TEM 図の中の実線と点線の違いなどについて筆者に質問しながら興味深そうに眺めていた。H さんとの 3 回目のインタビュー後に修正を加え、日本語で TEM 図を完成させた。このように 3 回のインタビューを 3 つの言語を通して見ることにより、さらに深く H さんのライフストーリーに触れることが可能となった。
〔若月祥子〕

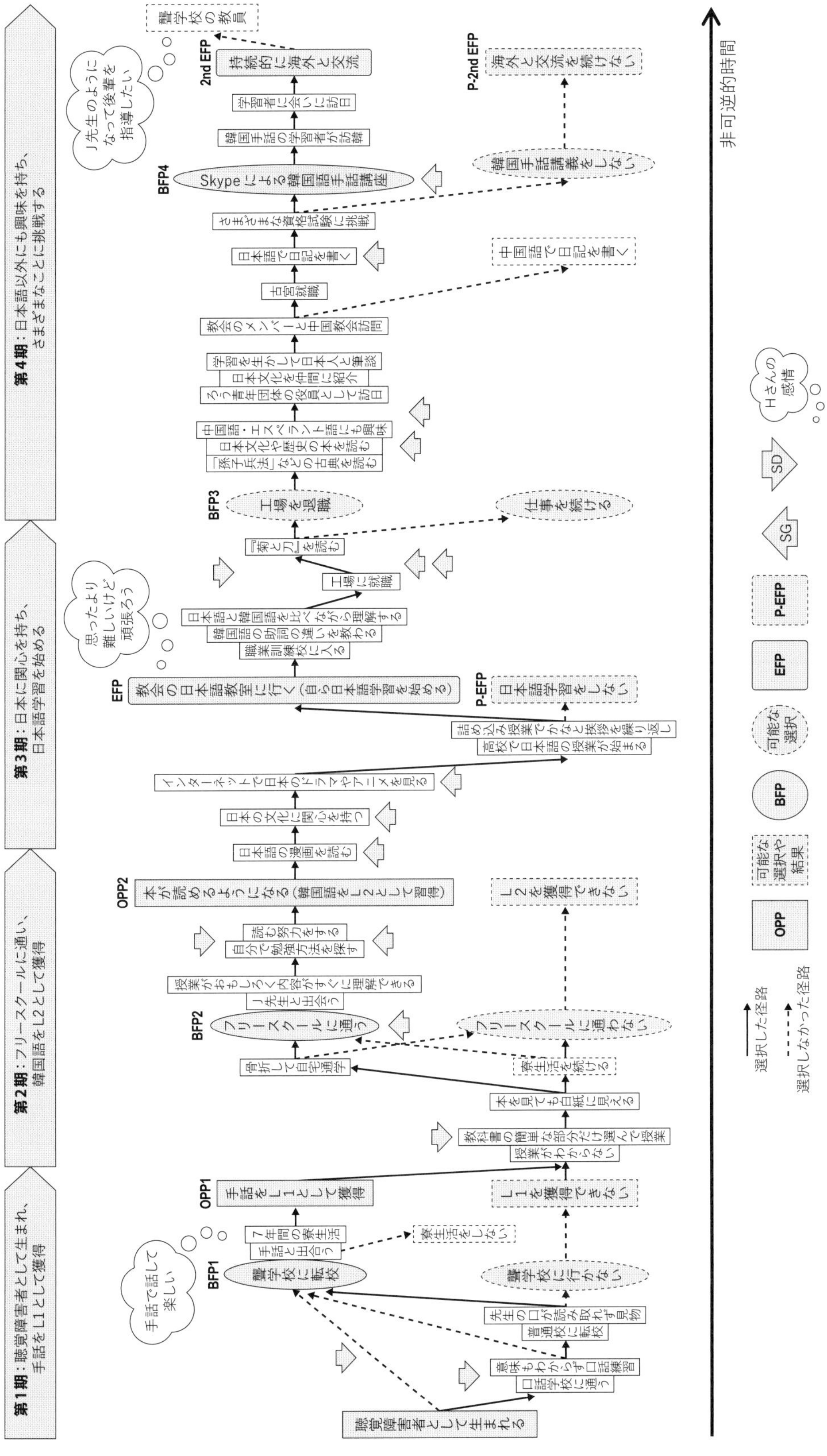

図3-2 Hさんのライフストーリー TEM図

縦型 TEM 図で 4 ± 1 の TEM 図に挑戦
── 径路の共通項と多様性をすっきり可視化

[論文] 上田よう子（2018）地域子育て支援拠点における利用者の心情変容プロセスを支える支援に関する研究 ── 複線径路・等至性モデル分析による支援の検討．保育学研究，*56*(2)，111-119．（図は原著の図 1-2 を一部改変）

[要旨] 本研究では、地域子育て支援拠点の利用者の産後から拠点を利用し場所に慣れていくまでの心情の分析を行い、5 名分の TEM 図を統合した。抽出された SD/SG によって、拠点では利用者の緊張と不安が表面上見えにくいため、場の提供に終わらない、利用者の経験の過程に寄り添う支援が必要となることが分かった。

[対象] 子育て支援拠点に親子ボランティアとして通う 30 歳代の母親である研究協力者 5 名
[分野] 子育て支援、保育学
[EFP（等至点）] 子育ての居場所ができる。

表現したかった 5 人分の葛藤と不安の可視化

子育て支援拠点（以降、拠点）の利用者となる研究協力者が拠点を利用するまでの径路には、母乳が出ずに自分を母親失格と責める葛藤や、先の見えない不安などがあり、涙ながらに話してくださる研究協力者の語りを図にいかに表せるのかという試行錯誤に膨大な時間がかかった。しかし、研究者自身が拠点に通うのを諦めた経験者だったため、その時間も非常に新鮮な発見の連続であった。統合版を作成する前に、一人 2 枚、計 10 枚の TEM 図を作成し分析した。本研究では、その 10 枚から共通項を探し 2 枚に統合させるために試行錯誤した結果、サトウら（2009）の「異時間混交性としての TEM」の図[1] を参考に、集合的文脈となるものを手書きで全て書き出した。

衝撃だった等至点の変更

個人型の TEM 図では、「ここは、実はそれほど背中を押されていない」などと研究協力者と SD/SG の影響を聞きながら径路に進む矢印の角度を考えていったことが主観的にならず、研究としても大変面白かった。統合版では、5 人とも時期は違うが心情の変容に共通した 4 つの時期のプロセスが見られたのも発見であった。研究当初は、研究協力者の姿から、EFP を「（自分の）居場所ができる」と仮説を立てていた。しかし、実際には自分の友人を増やすのではなく、「子育ての場所」として割り切っている利用者もいた。すでに場所に慣れている人にインタビューをしたため、BFP「場所に慣れる」を通過しても「まだ自分の居場所は見つけられていない」人がいることに衝撃を受けながら、EFP を変更した。

縦型の統合版にして見えてきたこと

拠点の利用開始時から、知り合い同士の輪への入りづらさなど「何度も通う」までの径路に SD となる複雑な心情の変容が見られた（図中①）。縦型にしたのは、一人の人の径路を辿りやすく、かつ共通の BFP を辿る道のりまでの多様な心情の変容を可視化したかったためである。インタビュー時や文字起こし中は気づかなかったが、TEM 図にしてみると、第 1 期の「何度も通うようになるまでのプロセス」までの時期に SD が多いことが可視化された一方で、第 4 期「子育ての居場所ができるようになるまでのプロセス」になると、SD がほとんど描かれなくなっていたことに気づいた。

子育てのアプロプリエーションを支える過程

利用者が、他者の子育てから自分で取り入れたいものを学び吸収していく子育てのアプロプリエーションが始まる子育て支援の場では、まずは場所に慣れるまで何度も通うことが必要不可欠である。図中②の F さんは一度通うことを諦め、たまたま知り合いから講座に誘われ拠点に再び訪れることになったが、誘われなければ拠点に戻ることもなかった。拠点が近くにあっても通うことを諦め密室育児に戻ることや、新しい人間関係で疲れすぎてしまうことがないように、SD の多い時期に SG となる援助として何ができるのかを考えながら、利用者の心情に寄り添い工夫できることを模索する必要性は TEM 図からでないと考えられなかった。　〔上田よう子〕

1) サトウタツヤ（編）（2009）TEM ではじめる質的研究 ── 時間とプロセスを扱う研究をめざして（p.165）．誠信書房．

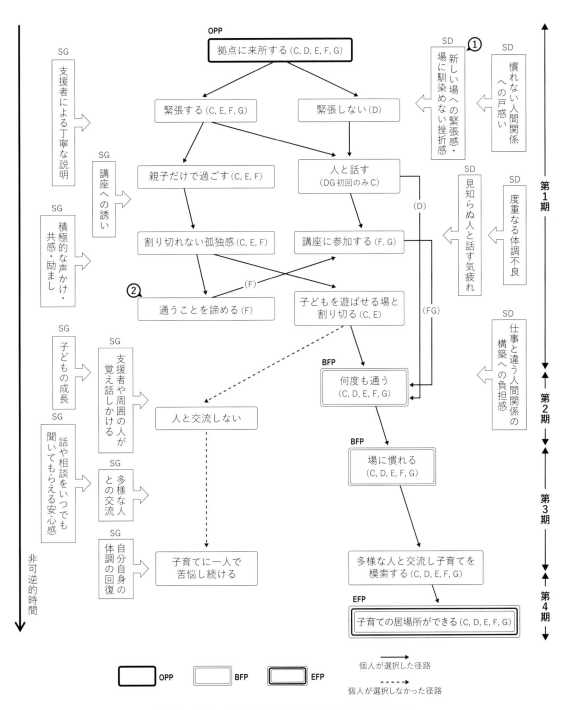

図3-3　5名の子育ての居場所ができるまでの時期

同一信念が SG にも SD にも
── その狭間で多様な深みをみせる専門職のキャリア

［論文］ 中本明世・北岡和代（2017）メンタルヘルス不調による休職・離職経験を経て働き続けるキャリア中期看護師のプロセス．*Journal of Wellness and Health Care, 41*(2), 83-92.（図は原著の図 2 を一部改変）
［要旨］ 看護職に対する役割責任の重さにより、メンタルヘルス不調を訴え休職・離職に至るケースもあることから、支援体制の構築が望まれる。本研究では、休職・離職を経験したキャリア中期看護師のプロセスにおいて 4 つの BFP が見出され、時期によって同一信念が SG にも SD にもなり得ることが明らかとなった。
［対象］ メンタルヘルス不調による休職もしくは離職経験のあるキャリア中期看護師 9 名
［分野］ 看護学
［EFP（等至点）］ 看護師としての見通しがもてる（原著一部改変）

外的要因・内的要因としてとらえた SG と SD

対象者は、メンタルヘルス不調による休職・離職体験を経て、EFP「看護師としての見通しがもてる」に至るというキャリア発達プロセスを歩んでいた。そのキャリア発達を促進・阻害する要因には、周囲の人や状況からの影響だけでなく自己の価値観や信念も影響するであろう。そこで、キャリア発達を促進・阻害するものは何であったのかという観点から、外的要因と内的要因を整理した。

外的要因はキャリア発達の要であった BFP において拮抗する力として描いた（図中①）。例えば、BFP3「何もしていない焦りと不安を抱え葛藤する」では、働いていないことへの社会的偏見はキャリア発達に阻害的に働く一方で、理解者の存在によって自己を認められた感覚はキャリア発達を促したように、BFP において SD と SG が拮抗し、次に進むというキャリア発達プロセスの様相がみてとれる。また、内的要因は「看護を担う専門職者としての信念」である。職務経験を重ね看護師としてこうありたいという信念が培われ、職業的アイデンティティが確立していくことから、これはプロセス全体を通して作用し、その信念ゆえのキャリア発達の変化がとらえられるよう TEM 図に示した（図中②）。

同一信念が SD/SG から SG に変化する描出

看護職を離れ心身にかかっていた仕事ストレスの荷を下ろすまでの時期では、「看護を担う専門職者としての信念」は SG および SD として働いていた。ここでは、「看護師としてこうありたい」「看護師として自分はこうあらねばならぬ」という専門職者としての強い信念に囚われていたことによって、自身のもつ信念に見合った仕事が遂行できず自己と現実との乖離が起きていた。これは根底にある職務経験で培われた揺るぎない信念ゆえに生じたことであると考えられた。一方、心身にかかっていた仕事ストレスの荷を下ろした後は SG としてのみ働いていた。これは、対象者がリフレクティブに自己を振り返り、展望をもつことで自身のもつ信念がキャリア発達に促進的に働いていたととらえられた。このように、同一信念であっても自己のありようによって SG にも SD にもなり得るという様相が可視化できたことで、TEM 図に深みをもたせることに繋がった。

TEM 図の描き方が読み手に与える視覚的印象

本研究のプロセスの描述は TEM 図によって読み手にどのような視覚的印象を与えるのかを考慮した。縦書き TEM では、カテゴリ同士を上下でなく横並びに配置することで順序性がないことを示せるのではないか、また SG/SD を左右からかかる諸力として描出することで視覚的に重圧感を与えず、SG/SD がせめぎ合いながらもキャリア発達する様相を表せるのではと考えた。TEM 図による視覚的印象を意識し、横書き TEM ／縦書き TEM 各々の利点から採用を検討することができるのではないだろうか。

進まなかった径路を描くことで得られる説得性

キャリア発達の要であり転機であった 4 つの BFP の後に、実際に進まなかったがあり得る径路を点線で描いた。主観的に遭遇し経験する段階や課題といった内的キャリアは可視化されにくい。実際には進まなかったがキャリア発達に影響しうる径路を想定し可視化することで、主体的なキャリア発達プロセスに説得性をもたせることができたといえる。

〔中本明世〕

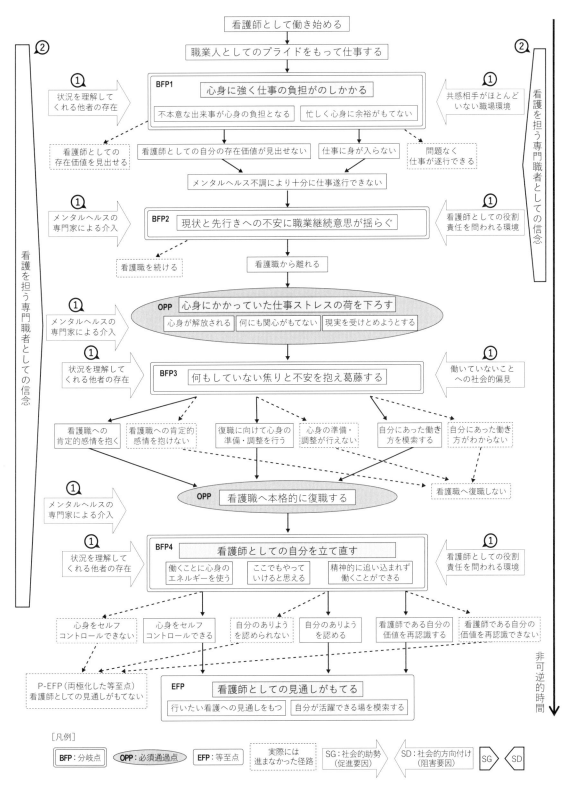

図3-4 休職・離職経験をもつ看護師の経験（原著より一部改変）

ご招待したのは知人
── 研究者と協力者の信頼関係が紡ぐ細かい心情描写

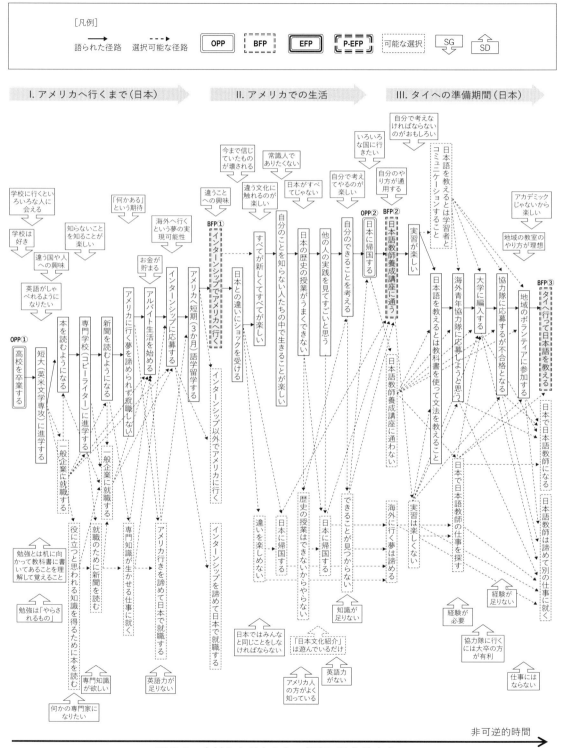

図3-5　木村さんがやりたい仕事に辿り着くまで

[論文] 高井かおり（2019）日本語教師の葛藤とキャリア形成 ── 元日本語教師のライフストーリーから．明星大学研究紀要人文学部，*55*，1-16.（図は原著の図1を一部改変）

[要旨] 自己実現のために日本語教師という職業を選択したにも関わらず、数年後に進路変更した女性の葛藤、選択の過程とその経験の意味づけを可視化した。キャリア形成においては、まず職業選択に際して、自分はなぜそれをするのかを意味づける必要があり、そのためには他者の存在が重要であることを示した。

[対象] 日本語教師を2年でやめ別の職業に就いた30代の女性協力者1名

[分野] 日本語教育学

[EFP（等至点）] 人と出会い関係性を構築しながら自分が学んでいける仕事に就く

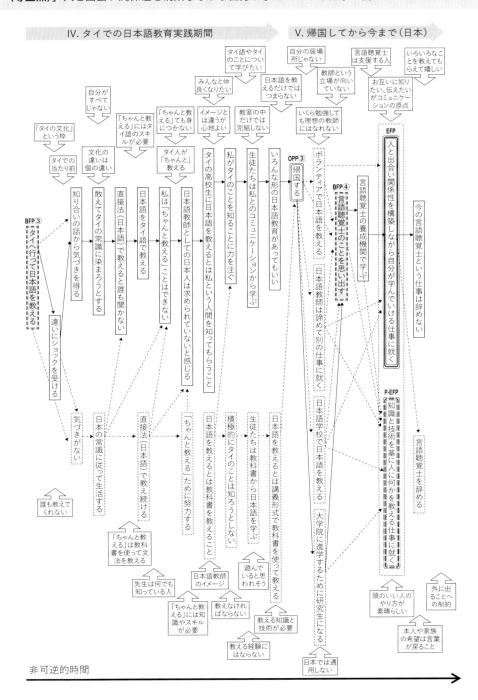

なぜ木村さんだったのか

調査協力者の木村さんと私は青年海外協力隊で2年間をともに過ごした。同期派遣で同じ国・同じ職種は2人きりであり、その上、それまでの各々の人間関係からは隔離された生活だった。さらにお互いに初めての日本語教育実践だったため同じ様な悩みを抱えていた。限られた人間関係のなかでさまざまな悩みを共有し相談しあうことで、2人の関係性は通常の友人関係より深まっていった。そして、私たちは日本語教育実践の向上のため、ともに大学院進学を心に決めて帰国した。しかし、ある時、木村さんから言語聴覚士になると聞いた。同じものを目ざしていたと思っていたのでショックだった。私の知っている木村さんは生徒思いで、何よりも生徒たちとの触れ合いを楽しんでいた。そんな彼女が日本語教師をやめてしまうことを残念に思い、理由が知りたいと思った。

等至点の修正

なぜ日本語教師を続けないことを決めたのかを明らかにすることが目的だったため、EFP を「日本語教師をやめる」として TEM 図を描き始めた。しかしその後、木村さんが言語聴覚士としての実践について語った時、「教師という立場が向いていない」「お互いに知りたい、伝えたいがコミュニケーションの原点」（SG）などというのを聞き、EFP を「人と出会い関係性を構築しながら自分が学んでいける仕事に就く」と設定し直した。そのことで、木村さんの人生がそこに向かっていることがよく見えるようになった。木村さんは一貫して「人と出会う／知らないことを知る」ことに価値を置いており、しかし、その時々で世間の常識（SD）と自分自身の考え（SG）の狭間で葛藤していた。TEM 図を描くことで、葛藤しながら EFP へ向かう径路が可視化された。

人生の径路の類似性

完成した TEM 図を見て木村さんと私の人生の径路には類似性があることに気づいた。英語／外国に興味があり英語圏の国へ行き、帰国後日本語教師を目ざし、青年海外協力隊に参加した。経験は違うが、類似した BFP、OPP を経ていたのだ。さらに、私は大学院で学び、関係性を構築することが日本語を学ぶことだと考えるようになったし、日本語教師である今も学ぶ立場でいたいと考えていることから、木村さんと同様の EFP に辿り着いたと言うことができる。そのせいだろうか、木村さんの語りには共感することが多かった。そして、語りを聞いたり分析したりしている時に、語られていないにもかかわらず自分が聞きたい語りを求めてしまったり、自分の解釈に違和感を持ったりすることはほとんどなかった。

理解可能性を高める

木村さんと私は同じ時間、経験、悩みを共有しながら信頼関係を構築してきた上に、人生の径路も類似していた。そのため、木村さんの心情をより深く理解し描写することができた。しかし、私の独りよがりにならないように、解釈や TEM 図を一緒に確認するようにした。EFP が見えた時、私は木村さんに、日本語教師はやめたけれどしたかったことが実現できているのではないかと訊ねた。すると木村さんは、話をすることでそのことに気づいたと言った。まさに私たち2人で紡いだストーリーだった。そして、論文には私自身の背景や木村さんとの関係性を記述することで、読者にとって「木村さんと私が構築したストーリー」の理解可能性を高めるようにした。

〔髙井かおり〕

---

column 1　HSI でどんな方をお招きするか

　HSI は、研究者が関心をもった現象を等至点的なイベントとして捉え、それを経験した人をお招きして話を聞く手続きである。しかし、それとは異なる形で HSI することもある。例えば髙井（3章5節）は、旧知の方が日本語教師をやめてしまうことが残念で、その理由を知りたいと考え、その方をお招きしている。EFP は、その方のお話を聞き、TEM 図を描く中で修正されていった。また、河合・窪田・河野（6章2節）は、EFP を実現した方だけでなく、実現を人生の目標としていた方もお招きしている。TEM 図をともに作成する中で、お招きした方が将来の展望や目標を見出していったことが報告されており、心理臨床としての応用の可能性が指摘されている。HSI の概念を拡げることで、TEA による社会実装の可能性も拡がるのだと言えよう。

〔小澤伊久美〕

第4章

他の研究法／手法／方法論を
組み合わせて描く

　本章では、TEM によってライフの径路をいかに捉えるかを、他の研究法／手法／方法論を組み合わせて描くことで見ていきたい。いずれの研究も TEM だけでなく、そこに別の研究法で得られた成果を並記したり組み込ませたりして、図として表現している。併用した研究法は、ライフライン、SCAT、質的・量的データの分析結果のジョイントディスプレイ、GTA と、多岐にわたる。両者の一体化で結果が捉えやすくなり、協力者が現場で柔軟に対応を変化させた過程もイメージしやすくなっている。また、同じ保育を扱っていても香曽我部論文と保木井・濱名・河口論文は異なる観点の TEM 研究である。後者は敢えて、縮尺が均一ではないクロックタイムをカイロス時間の軸上に書き込むことで、読み手の想像をかきたてる仕掛けとなっていることは興味深い。

ライフラインと TEM 図が織りなす内面の軌跡

[論文] 畑中美穂（2018）夫婦関係構築プロセスが性行動に及ぼす影響とその心理的意義 —— 一中年期男性の事例から．対人援助学研究，7，25-36．（図は原著の図 1 を一部改変）

[要旨] 夫婦の性行動は個人の心理面においてどのような意義を持つか。一中年期男性のケースでは、性行動は危機の乗り越えや共通のライフイベントを通じた共有する思いに影響を受けること、継続して行い得ることで性における連帯性を育み、個人の心理的な発達といった意義にも関与することが示唆された。
[対象] 50 歳代後半の男性 A 氏
[分野] 夫婦の発達心理学、セクシュアリティ
[EFP（等至点）] 妻への愛おしみを感じられる性行動を行い得る

なぜライフラインを用いたか

本研究で最も重要なことは、性という極めてプライベートで繊細な事柄について A 氏に "いかに赤裸々に語ってもらうことができるか" ということであった。趣旨に同意を得ているとはいえ、ラポールの築けていない状態で単刀直入に性行動を話題にすることには抵抗感が生じることも予測された。そこでまず、「結婚」を OPP とした出会いの頃からの 2 本のライフラインを描いてもらうことにした。1 本はライフイベントについて、もう 1 本は夫婦の関係について主観的に幸福感の高低を描いてもらい、その時々のエピソードや感じ方についての語りを中心にインタビューを進めた。フリーハンドで描かれたライフラインは高さを数値化して置き換え、横軸の時間と各プロセスが整合するよう図式化して TEM 図の下段に併せて記載した。このことにより A 氏の語りが夫婦のストーリーとして立体的に感じられ、TEM 図の根拠も視覚的に明確にすることができた。

結果的に、トランスビューの際の協働による図の修正過程を通じて A 氏の深い語りが得られ、筆者との信頼関係において性について語ることへの率直さが現れたと考えられる。単に話を聞くだけでは見落としてしまったかもしれない事柄の掘り下げができたことにより、A 氏自身が夫婦の関係についての理解を深め、自身の心理的発達を確認するなかで人生の再構成と未来への方向づけを行う機会となった。

BFP が刻む夫婦の歴史のプロセス

A 氏が〔妻への愛おしみを感じられる性行動を行い得る：EFP〕に至るプロセスでは、核となる家族の形成期（第Ⅰ期）、夫婦の関係に社会的な要因からの影響を受けた時期（第Ⅱ期）、夫婦が中心とな

り新たな関係を構築していく時期（第Ⅲ期）が出現した。A 氏には夫婦にとって危機となり得る状況が二度訪れるものの、全期を通じてセックスレスの時期はなく、A 氏の、妻に対する尊敬の念が夫婦の関係を保つための重要な要素となった。また妻との関係を壊したくないという思いが家事能力の発揮といった A 氏の個人資源の開発を促しただけではなく、妻の立場に立って考えることを通じて気づきを得ることとなり、A 氏の心理的な変容につながって夫婦の関係はより成熟したものとなった。いずれも BFP を経ることで関係性がより高次の段階に進んだことが読み取れ、夫婦の関係の深化の一つとして性行動にも影響を及ぼしたと考えられる。第Ⅲ期では〔妻を尊敬する人として大切にしていきたい：SPO〕という方向性が現れ、これらが総合的に関連し合い EFP に至った。

夫婦の性行動の意義

A 氏のケースでは、夫婦の良好な関係は性行動にもよい影響を及ぼして継続して行い得ることにつながり、同時に、性行動の継続が夫婦の関係を良好に育むことに作用する可能性が示唆された。また、良好な関係のもとに行われる性行動は自己を確認できる経験として心理的な意義にも関与することが推察され、個人の内的成長にとって重要な行為であり、人としての発達課題を考える上でも有用に機能していることが示唆された。

本研究はタブー視されがちな性をテーマとしており、A 氏についてのプライベートな事象を扱ったものではあるが、転用可能性のあるものとして「夫婦にとってどのようなことが課題となり、どのように乗り越えていくか」の教示を得うる貴重なケースであると言えよう。

〔畑中美穂〕

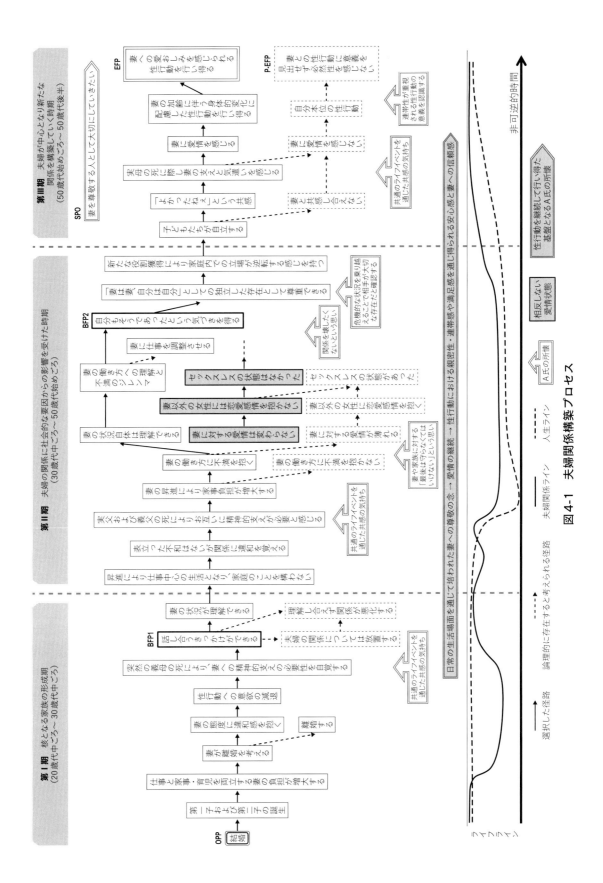

図 4-1　夫婦関係構築プロセス

サウンドエスノグラフィーと TEM 図で描き出す遊びの空間

[論文]　香曽我部琢（2018）TEM で描く遊びにおいて幼児が生み出す〈音の世界〉. 宮城教育大学紀要, 52, 201-209（図は原著の図 3・図 4 を一部改変）

[要旨]　幼児がごっこ遊びを展開する過程において、互いの声や身体が生み出す音が影響を与え合い、遊びが発展していくプロセスを TEM で明らかにする。そして、幼児の行為が常にその場にある音の影響を受ける知見をもとに、保育者が保育実践において幼児の心情や行動の意味を理解する上で、そこで生起している音の世界を捉えることの重要性を示唆した。

[対象]　日常の保育実践において、幼児 5 名がヒーローの戦いごっこを展開していく場面
[分野]　保育学
[EFP（等至点）]　ヒーローが戦うイメージに没頭して、ごっこ遊びを楽しむ
[TEM 図]　個人型 5 名分を統合した TEM 図

音の世界を描くサウンドエスノグラフィー

スティーブン・フェルド（2000）[1] は、人が音を耳で聴くだけでなく、かつ身体でその音を感じ取っていることを相互反射性と定義した。そして、サウンドスケープとは、知覚され、その価値や意義を意味づけるだけの外的な存在ではなく、その中に身を置き、同時にそれを知覚しつつ、自らも音を生み出すことで身体を共鳴させながらその価値や意義を付与する一体的な存在であると述べ、これを「音響認識論（acoustemology）」という言葉で概念化した。さらに、香曽我部（2012）[2] では、この音響認識論を理論として、サウンド・エスノグラフィー（以下 SE）という音を捨象しない質的研究法を提案した。子どもたちが遊ぶなかで、相互にかかわりながらさまざまな行為を行うことで音を出し合いつつ、それらの音を聴き、自らの身体をその音に共鳴させてさらに音を生み出し、その場のサウンドスケープ〈音の世界〉を生み出しているという認識に立ち、そこでの〈音の世界〉から子どもの心情を解釈することが可能であると考えた。

本研究では、保育実践における日常的な遊びにおいて幼児が生み出す〈音の世界〉を描き出す方法について検討を行い、音の生起と幼児の遊びの発展プロセスとの関連性を明らかにし、〈音の世界〉が幼児の遊びに与える意義について検討を行っている。

ごっこ遊びにおけるイメージの没頭の度合いと音

本研究では、5 名の幼児が遊戯室を使って、移動しながら戦いごっこを展開している場面を対象としている。EFP として『ごっこ遊びでイメージに没頭する』を設定し、幼児一人ひとりを抜き出して、そのイメージへの没頭度の変動をライフラインで図式化した。そして、この没頭度が上昇したり、下降したりする契機となった場面を細やかに分析し、TEM 図を作成した。とくに、本研究では、幼児たちが音を生み出して他の幼児に影響を与え合うという音響認識論に立つ SE によって観察データをサンプリングした。

つまり、TEM 図に SD と SG として、音の経験に光を当て、それらを付加することで、音の影響が没頭度にどのような影響を与えたのかを解釈した。その結果、5 名の幼児一人ひとりが他児のかけ声、足音をきっかけに戦いごっこに没頭したり、逆に没頭度を下降させたりしているごっこ遊びの実相を TEM 図で明らかにすることができた。さらに、最終的に 5 つの TEM 図を統合し、ライフラインの上昇下降が連動していく様子を明示したことで、幼児が生み出した声や音が互いのごっこ遊びのイメージを促進させていることを示すことができた。この統合 TEM 図によって、幼児がたたかいごっこのイメージに没頭するプロセスにおいて、互いの音を聴き、その音に自らの身体を共鳴させ、さらに音を生み出していく姿を可視化することができた。

〔香曽我部琢〕

1)　フェルド, S.（2000）音響認識論と音世界の人類学 —— パプアニューギニア・ボサビの森から. 山田陽一（編）, 自然の音・文化の音：環境との響きあい（pp.26-63）. 昭和堂.

2)　香曽我部琢（2012）子ども理解としてのサウンドエスノグラフィー. 中坪史典（編著）, 子ども理解のメソドロジー —— 実践者のための「質的実践研究」アイディアブック. ナカニシヤ出版.

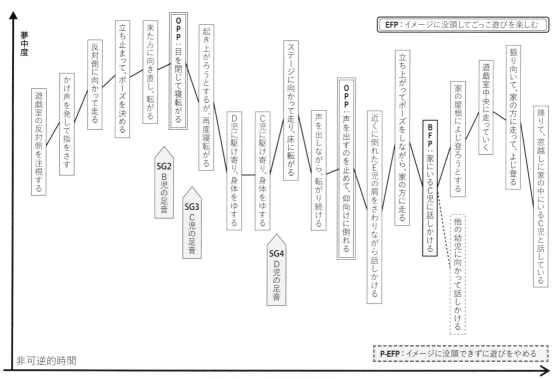

図4-2-1　A児のTEM図

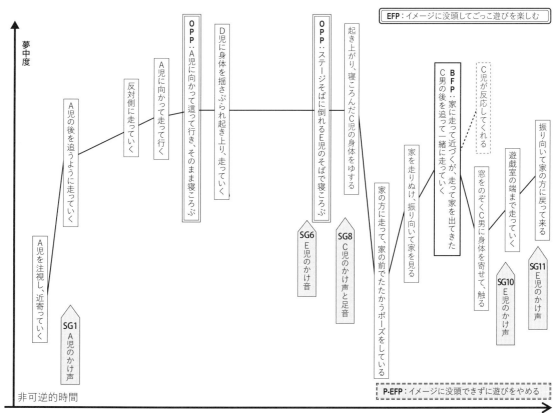

図4-2-2　B児のTEM図

SCAT で生成された構成概念を用いて TEM 図を描く

[論文] 永井知子（2019）保護者の被援助志向性の特徴と変化プロセスに関する質的検討．家庭教育研究，
24，35-47.（図は原著の図 1 を一部改変）

[要旨] 本稿では、困難な状況において自力でなんとかしようとする傾向のある「自力解決」群の母親が、
ライフイベントとの関連でどのように問題解決を行ってきたのかを可視化し、被援助志向性の変化
から予防的支援の在り方を描出した。その結果、援助要請行動を促すために必要な支援の内容とタ
イミングを時系列の中で見出すことが可能となった。

[対象] 被援助志向性尺度の得点により群分けされた「自力解決」群の母親 1 名

[分野] 家庭教育（子育て支援）

[EFP（等至点）] 母親の被援助志向性が変化する

各群で OPP と EFP を共通に設定する

保護者が子育てで悩んだ際に必要な助けを求めた
場合、状況は改善する可能性があるが、援助要請行
動に至るプロセスは、個人がもつ被援助志向性（援
助を求めるかどうかの認知的枠組み）の特徴によっ
て異なるため、効果的な支援方法に違いが生じるこ
とが考えられる。保護者の被援助志向性は 3 群に分
類されており、問題解決の方法は群ごとに異なるこ
とが予想されたため、行動選択のキーとなる「悩み
が発生する」という出来事を OPP に、EFP を援助
要請行動に向けて「母親の被援助志向性が変化す
る」というように、共通して設定することで、各群
の特徴を明確に可視化し、それぞれに対する支援の
タイミングや方法を見出すことを目指した（論文に
は他 2 名の TEM 図も掲載している）。

ストーリーラインから TEM 図をイメージする

SCAT[1] は、採取したデータ全部を使って、4 つの
ステップに基づいてコーディングを行い、構成概
念、ストーリーラインを記述し、理論化を行う分析
手法である。今回、SCAT で分析し、構成概念をも
とにストーリーラインを作成することにより、各
群の保護者に固有の時系列的な文脈性が確認され、
TEM 図を作成する際の手助けとなった（論文中に
は紙幅の都合上、載せていない）。また、本研究で
は、SCAT で生成された構成概念に加え、似た内容
の構成概念をグルーピングし、カテゴリー化したも
のを用いて TEM 図を作成した。そのことにより、
描出される径路をシンプルにすることが可能になっ
た。

被援助志向性の変化に影響を与える要因に注目

本研究では、援助要請行動を促すために必要な支
援の内容とタイミングを導き出すことを目的として
いるため、援助要請をするかどうかに影響を与えて
いる感情や認識に注目し、被援助志向性の変化を中
心に据えて、TEM 図を作成した。

「自力解決」群の母親（C さん）はライフスタイ
ルが変化するとき、困り感をもち、問題解決の方法
を模索している（BFP ①、BFP ②）。C さんの場合、
相手への信頼感が援助要請意思を決定づける要因と
して重要であり（SG1, SD1, SD2）、「相談相手として
認識しない」場合には「自分だけで解決しようとす
る（P-EFP）」選択がされていた。しかし、育児と仕
事の両立を模索する中で、「ネットワークの広がり
（SG3）」は「相談することに対するポジティブな印
象」を形成し、援助要請の必要性を感じるように
なった（SG4）ことから、援助要請行動に向けた被
援助志向性の変化につながったことがうかがえる。
一方で、〈親としての責任感〉といった「出産後の
意識変化（SD4）」は、援助に対する抵抗感を高め、
援助要請行動を抑制することが確認された。そのた
め、「母親がせねばならない」といった信念を緩め
るような心理教育や、問題状況を客観的に評価でき
るような指標が必要であることが示唆された。結婚
や出産、仕事復帰などのライフイベントは、各群に
共通して被援助欲求を高めるものの、そのサポート
源やネットワークの拡大要因は群によって異なり、
それぞれに有効な支援のタイミングと内容が可視化
されたことは TEM 図の成果といえる。

〔姫田知子〕

1）　大谷尚（2019）質的研究の考え方 —— 研究方法論か
　　ら SCAT による分析まで．名古屋大学出版会.

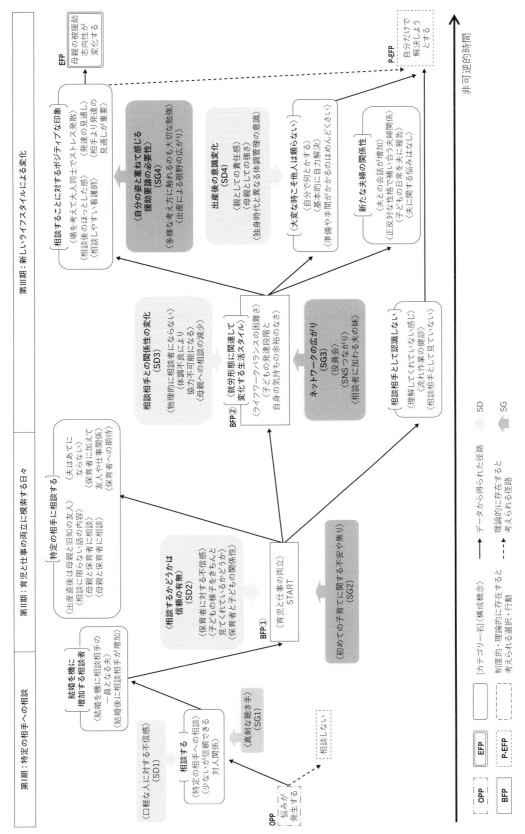

図 4-3　C さんの被援助志向性が変化するプロセス

混合研究法との相乗効果を発揮
── シンプルに見える TEM 図の中に描かれた深み

[論文] 廣瀬眞理子 (2018) ひきこもり電話相談における家族ニーズの多元的分析 ── 混合法によるアプローチ．コミュニティ心理学研究，22(1)，25-41．（図は原著の図 2 を一部改変）
[要旨] わが子がひきこもることで家族はどのような困難さとニーズをもつのだろうか。ひきこもり専門相談電話を初めて利用する家族の相談記録票のデータをもとに、混合研究法を用いた多元的分析を行い、ひきこもり支援のファーストステップである電話相談における家族ニーズの実際についての知見を探った。
[対象] ひきこもり専門相談電話の初回相談者（家族）81 名の相談記録票
[分野] 臨床心理学、メンタルヘルス
[EFP（等至点）] 相談電話へ架電する

混合研究法ジョイントディスプレイと TEM 図

課題理解、またその解決を目的とする実践研究分野で支持されてきている混合研究法（Mixed Methods Research: MMR）は、質的・量的データを別々に収集・分析し、その結果を統合することで、洞察・メタ推論を得る点に大きな特徴がある。異なる 2 つのタイプのデータの分析結果を、多くの読み手にわかりやすく伝えるための視覚化戦略として、ジョイントディスプレイ（joint display）がある。これは質的・量的両結果をコンパクトに一つの図あるいは表にまとめたもので、対照比較型、テーマ別統計量型等いくつかのタイプが開発されている。本研究では、ひきこもり状態にある子どもの家族が初めてひきこもり専門相談電話へ架電する径路を類型化した TEM 図と、子どもの年齢、ひきこもり期間の長さといった量的データ（属性情報）の表を縦列配置したジョイントディスプレイを作成した。

TEM 図をシンプルに示すために何をしたか

TEM 図では、社会に所属のある「前ひきこもり」段階、ひきこもり状態で「家族のかかわりのみ」段階、「他者とのかかわり（支援）あり」段階、「誰ともかかわらない／家族関係悪い」段階の 4 つを設定、各段階での家族の「相談電話へ架電する (EFP)」に至る行動選択に焦点を絞った。使用した基本概念は、OPP、BFP、EFP いずれも一つずつである。分析対象は 81 名で、各段階に分けても 1・4・9 の法則からは逸脱している。しかし実際の相談データから、家族の「相談電話に架電」までの径路を類型化して並列した段階別モデルをシンプルに示すことができれば、文脈に沿った家族ニーズを理解することができる。TEM では、人を開放システムと捉え、外界との相互作用に着目する。このことから、

まず個人−家族−社会それぞれのシステムがどのように相互作用しているか、家族のかかわり行動を中心に、4 段階それぞれの下位の TEM 図を作成した。家族は、個人、社会システム相互に働きかけ、自らを対応の主体として支援を模索していくが、子どもとの関係が悪化した段階では、社会システムへの働きかけも奏功せず、「家族対応の限界 (BFP)」から、家族以外の第三者の支援を求めて架電していた。下位の TEM 図では、個々のデータ分析を進めるなかでカテゴリーを絞り、最終的に一つの TEM 図にまとめる際の上位の基本概念を決定した。

TEM 図と量的データを比較検討する

TEM 図（質的結果）を見ると、社会に所属のある「前ひきこもり」段階に、ひきこもり長期群が 4 名（量的結果）いた。"社会に所属のある長期ひきこもり" ── このデータの不一致にはどのような意味があるのか？　原データに戻ると、数年のひきこもりを経て社会に再接続したものの、不適応状態になった子どもが、再びひきこもることを心配した家族が架電していることがわかった。長期化したひきこもりの多くは、社会との離合を繰り返すジグザグの径路をたどっており、困難はあっても家族は辛抱強く支援を求めていた。このようにジョイントディスプレイに TEM 図を組み込み量的データと比較することで新たな洞察を導き出すことができる。いかに効果的に研究結果を提示するかの創意工夫は、自らの研究を大局の視点からレビューする機会にもなる。つまり、このような視覚化戦略は、研究者にとっても非常に役立つものだといえるだろう。

〔廣瀬眞理子〕

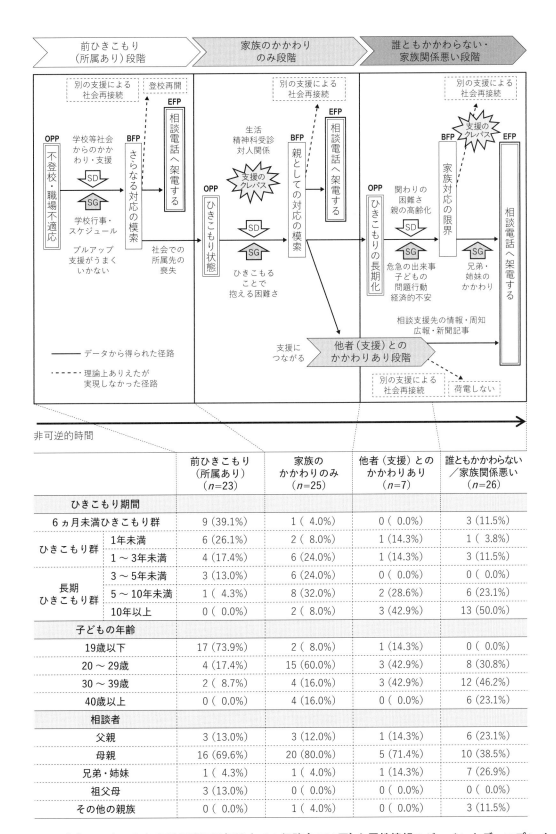

	前ひきこもり（所属あり）（*n*=23）	家族のかかわりのみ（*n*=25）	他者（支援）とのかかわりあり（*n*=7）	誰ともかかわらない／家族関係悪い（*n*=26）
ひきこもり期間				
6ヵ月未満ひきこもり群	9 (39.1%)	1 (4.0%)	0 (0.0%)	3 (11.5%)
ひきこもり群 1年未満	6 (26.1%)	2 (8.0%)	1 (14.3%)	1 (3.8%)
1〜3年未満	4 (17.4%)	6 (24.0%)	1 (14.3%)	3 (11.5%)
長期ひきこもり群 3〜5年未満	3 (13.0%)	6 (24.0%)	0 (0.0%)	0 (0.0%)
5〜10年未満	1 (4.3%)	8 (32.0%)	2 (28.6%)	6 (23.1%)
10年以上	0 (0.0%)	2 (8.0%)	3 (42.9%)	13 (50.0%)
子どもの年齢				
19歳以下	17 (73.9%)	2 (8.0%)	1 (14.3%)	0 (0.0%)
20〜29歳	4 (17.4%)	15 (60.0%)	3 (42.9%)	8 (30.8%)
30〜39歳	2 (8.7%)	4 (16.0%)	3 (42.9%)	12 (46.2%)
40歳以上	0 (0.0%)	4 (16.0%)	0 (0.0%)	6 (23.1%)
相談者				
父親	3 (13.0%)	3 (12.0%)	1 (14.3%)	6 (23.1%)
母親	16 (69.6%)	20 (80.0%)	5 (71.4%)	10 (38.5%)
兄弟・姉妹	1 (4.3%)	1 (4.0%)	1 (14.3%)	7 (26.9%)
祖父母	3 (13.0%)	0 (0.0%)	0 (0.0%)	0 (0.0%)
その他の親族	0 (0.0%)	1 (4.0%)	0 (0.0%)	3 (11.5%)

図4-4　家族のひきこもり専門相談電話架電までの径路（TEM図）と属性情報のジョイントディスプレイ

GTA と TEM でコミュニティへの参画意欲の変容を描く

[論文] 福井のり子・力石真・藤原章正（2017）農村地域の活性化に向けた初動期における個人とコミュニティの成長プロセス —— グラウンデッド・セオリー・アプローチ（GTA）と複線経路・等至性アプローチ（TEA）による検証. 都市計画論文集, 52, 209-219.（図は原著の図 -2・図 -3 を一部改変）

[要旨] 農村地域の住民と行政が、協働して 2 年にわたり交通の視点から地域活性化に取り組んだ事例を取り上げ、コミュニティや個人の成長過程を記述。これによりコミュニティとしての成長の理論化と、その中でも個人によって異なる認識や行為、影響を受ける要素が存在することを確認した。

[対象] 18 〜 25 名の住民代表者（このうち TEM 図の作成では 8 名を抽出）

[分野] 都市計画（農村地域計画）

[EFP（等至点）] コミュニティ内の住民ボランティアが交通手段を提供する「自治会輸送活動」の社会実験

コミュニティの成長過程を導き出す GTA

コミュニティの経験を観察する場合、単純にコミュニティに所属する複数の個人の経験を重ね合わせるだけでは不十分である。なぜなら、そこにはコミュニティ構成員が有するそれぞれの経験や意思に加えて、彼らの間で交わされる "コミュニケーション" に基づくコミュニティとしての学習や成長、構成員間の関係性の変化などがあるためである。しかし、こうした複数の個人から成るコミュニティそのものに実態はなく（例えば、インタビューやアンケートを行うことは難しい）、その成長を捉えるためには論理的・客観的な観察が求められる。さらにコミュニティの特性は、その歴史や文化、環境などによっても多種多様であることから、演繹的に既存理論をあてはめるのではなく、実際の現象から帰納的に各コミュニティの状況に応じた理論の生成が求められた。

このため、本研究ではコミュニティの成長過程を導き出す手法として GTA を用い、コミュニティに属する複数の個人（住民代表者）と行政職員によるコミュニケーションの過程として、複数回の討議録のテキストデータを用いた分析を行った。特に GTA とテキストマイニングを組み合わせた定量的分析を行い、コミュニティの成長過程の理論化や後に行う TEA の客観性・信頼性をより高めることを試みた。

この結果、2 度にわたるコミュニティ内での協働での取組（自治会輸送活動の社会実験）を通じて（図中①）、批判的思考を繰り返しながら、段階的にコミュニティが成長していることが確認された（図中②）。

個人の意識の変遷を捉える TEA

一方、同様のコミュニティに所属していても、そこでの個人の経験や意識の変遷には多様性があると考え、本研究では TEA を活用し個人の意識の変遷を捉えることを試みた。客観的、定量的に導いたコミュニティの成長過程に関する理論を補助線に TEA を用いることで、各個人の葛藤や迷いをつぶさに捉えることができる。実際に本研究の結果からは、同一のコミュニティの成長過程の中でも、個人によってその認識や行為、影響を受ける要素は異なることが確認された。

GTA と TEA を組み合わせる上での工夫点

GTA と TEA を組み合わせる際には、GTA で導いた理論上のどの段階に個人がいるのか、その整合性を担保することに留意した。特に本研究では複数の個人が TEA の対象となったことから、GTA で用いたコーディングルールを用い、取組の初期段階の意見によって対象者をグループ分けした（図中③）。EFP はすべての人にとって類似した経験であることや政策的に介入して実施されたという観点から 2 回の社会実験を取り上げている。また、TEA による分析においても GTA で使用した住民同士の討議録のデータを用いた。ただし、討議録のデータだけでは個人の経験や意識の変遷を細かく読み取ることは困難であったため、アンケート調査や各種イベントへの参加状況などのデータを用いて補完している。

TEM 図の作成においては、GTA と TEA の関係性をわかりやすくするため、GTA に基づく理論も図中に記載している（図中④）。また、分析対象が複数人に渡ることや、GTA と同様に、より客観性の高い分析とするため P-EFP は設定しないことなどに配慮した。

〔福井のり子〕

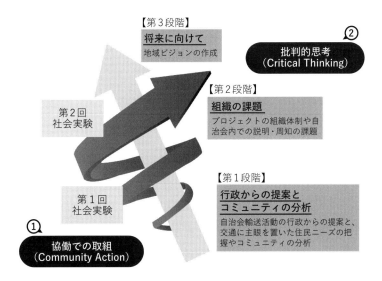

図4-5-1　GTAにより導き出されたコミュニティの成長プロセス

GTAに基づく分析結果および以下の既存研究を踏まえて作成

1) Korten, D. C. (1980) Community organization and rural development: A learning process approach. *Public Administration Review, 40,* 480-511.

2) Purdey, A. F., Adhikari, G. B., Robinson, S. A., & Cox, P. W. (1994) Participatory health development in Rural Nepal : Clarifying the process of community empowerment. *Health Education Quarterly, 21,* 329-343.

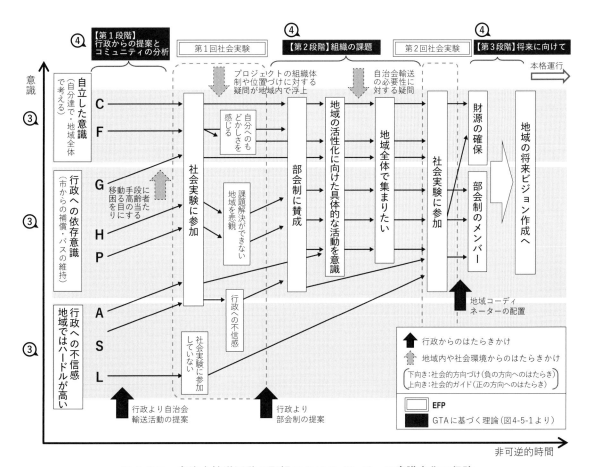

図4-5-2　自治会輸送活動の取組におけるメンバーの意識変化の径路

約 28 分間の世界
—— 観察記録を用いて個人のミクロな経験を TEM 図に描く

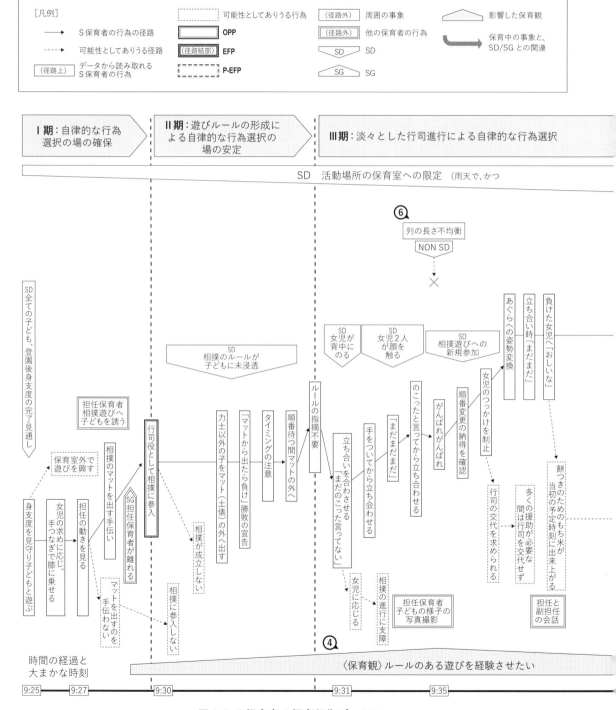

図4-6　S保育者の保育行為プロセス

[論文] 保木井啓史・濱名潔・河口麻希（2018）フリー保育者の専門性に関する研究 —— 複線径路等至性モデリング（TEM）による保育行為プロセスの分析．福島大学人間発達文化学類論集，28，93-104.（図は原著の図1を一部改変）

[要旨] 特定のクラスを担任しない保育者である「フリー保育者」は、クラス保育中の裁量の幅が担任保育者に比べ小さいとされる。A幼稚園のフリー保育者であるS保育者は、保育場面をどう意味づけて保育行為を選択しているのか。主として保育室で子どもの相撲遊びに関与した一連の保育行為を分析した。

[対象] 観察調査（含・ビデオ撮影）による、4歳児保育室でのS保育者の約28分間の保育行為

[分野] 保育学

[EFP（等至点）] 相撲遊びに納まり続ける

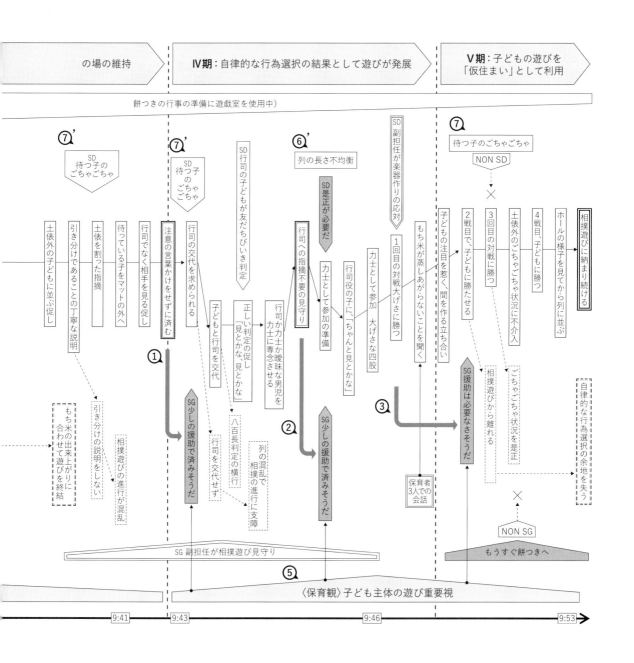

EFP が見出されるまで

S保育者の保育行為は、子どもの遊びへの援助のみならず、自身の自律的な行為選択の場の確保・維持の意味ももっていた。「活動場所の保育室への限定」というその日の物理的制約も相まって、例えば、相撲遊びへも、担任保育者が始めたのを引き継ぐ形で参入したように、新規の活動を自ら始める選択をなしづらかった。それにより、なすべきことを失う危機と背中合わせであったのである。これが分析で見えてきた時に、自律的な行為選択の場の安定度をTEM図の縦軸とし、EFPを保育者の援助が不要でも「相撲遊びに納まり続ける」と、P-EFPを「自律的な行為選択の余地を失う」と定めた。

本 TEM 図における時間概念

本TEM図は観察調査とビデオ映像から描き出された。これに対応した作図の工夫として、図下部の矢印に、「9:25」など時刻（クロノス時間）を記載した。TEMで扱う時間は通常、単位化されない時間、質的な時間の流れ、カイロス時間だと説明される。だが、個人の行為の意味を、周囲で生起する事象との関連で理解する際には、分析者は、時間と時刻の未分化な時間概念を扱うことになるのではないか。時刻の記載の意義として、まず、データの管理に都合が良い。映像中の事象と、その時刻（またはビデオのカウント）を紐づけておけば、事象の前後関係を取り違えず、「非可逆的」に扱える。次に、保育行為の質が、いかにミクロなスパンで変化しているかが、論文の読み手に対して強調される。

保育者にとっての保育場面の意味を可視化する

保育行為は意図をもって選択され、その行為がもたらした状況への意味づけが、後続の保育行為を規定する。本TEM図の、①〜③の番号を付した矢印3本は、その可視化の試みである。例えば、待つ間は土俵から出るなどの「注意の言葉かけをせずに済む」状態は、相撲遊びが「少しの援助で済みそうだ」を意味するS保育者のSGとなっている。だからこそ、行司をやりたい子どもが現れた時に「子どもと行司を交代」できたのである。また、そのようにSGを方向付けたであろうS保育者の、保育に対する信念・価値観（保育学分野で言う保育観）を、TEM図下部に書き込んだ（図中④・⑤）。見た目はSGと大差ないが、理論的には、TLMGにおける信念・価値観の層に相当すると考えている。

意味づけの変遷の表現 —— NON SD の試み

観察調査の補強のため、S保育者へインタビューを行った。そこから、上述の保育観を同定したのと共に、「NON SD」の表現が生まれた（図中⑥・⑦）。一時点でS保育者のSDであったものが（図中⑥'・⑦'）、他の時点でSDたりえなかったことをバツ印で強調している。例えば、S保育者が相撲遊びに「力士として参加」したのは、土俵の東西で順番を待つ子どもの2つの列の、「列の長さ不均衡」のためである。子どもが自身の後ろに並びたがるのを利用して不均等を是正する意図である（以上をインタビューで把握）。他方、その約8分前にも、インタビューで語られない「列の長さ不均衡」が実は生じていた。つまり、類似の状況が、力士としての参戦の下地が整った時のみ、S保育者にとって「是正が必要だ（図中⑥'の下）」を意味し、S保育者が行司役であり続けた時間帯には有意味に捉えられていなかったのである。

〔保木井啓史・濱名潔・河口麻希〕

---

column 2　TEM を描画する手法（ツール）のあれこれ

　TEAと併用されている研究法は多岐にわたる。ライフラインメソッドは、TEAで人生径路を捉える上で当初から援用が進められてきた手法である。しかし畑中（4章1節）は、ライフラインそのものをTEM図の下部に描くという手法を取っている点が新しい。香曽我部（同2節）は、子ども達の遊びにおいて発生する足音や声に着目している。さらに遊びへの没頭度をライフラインで表している。姫田（同3節）はSCATを用いることで語りの分析の精緻化を図っている。廣瀬（同4節）は豊富なデータをTEMによる質的提示と、統計結果を関連させながら提示することで課題の可視化に繋げている。福井・力石・藤原（同5節）はGTAとテキストマイニングを用いることで、データ分析の客観性や信頼性を高めている。保木井・濱名・河口（同6節）は、分析対象中の"時間"を敢えてクロノスで扱い、前後を検証しやすくしている。このように、研究者の視点や意図を自由に反映できる懐の広さがTEAの特徴といえる。

〔伊東美智子〕

第**5**章

変容の過程を
発生の三層モデルで描く／
発生と変容を描く

　本章では、発生の三層モデル（TLMG）を用いてどのように発生と変容のプロセスを捉えているのかを見ていきたい。TLMG は変容の転換点である分岐において何が起こっているかを行為、記号、価値・信念の三層に分けて捉えようとする理論である。促進的記号（PS）が発生することで、価値・信念や行為がどのように変容していくのか、または変容せず維持されることがあるのはどのような場合かなど、せめぎあいを描くことができるのが TLMG の魅力である。本章で取り上げた各論文の著者は、それぞれに工夫を凝らしながら、価値・信念の変容へとつながる葛藤の発生とそこからの変容プロセスについて TLMG を用いて迫っている。ぜひその作図の工夫の跡を感じ取っていただくとともに、ご自身の研究でも活用いただければ幸いである。

TLMG で描く転機
—— 信念の変容に至る内在化・外在化のプロセス

[論文]　阪下ちづる（2019）転機によって教師の生徒認知はいかに変容するか —— 高校の学級担任の語りによる変容過程モデルの生成．東京大学大学院教育学研究科紀要，*58*，279-289．（図は原著の図1を一部改変）

[要旨]　教師が生徒を捉える視点、すなわち生徒認知は、教師の生徒理解に影響を与える要素である。本研究では、教師の転機に焦点を当て、教師の生徒認知の変容プロセス示す基本的枠組みを作成した。そこには、教師が内面の省察と自己と他者の受容を通じ、多様な視点から生徒を捉えるプロセスが示された。
[対象]　異なる学校で学級担任を経験したことのある公立の高校教師8名
[分野]　教育学
[EFP（等至点）]　生徒認知が多様化する

TLMG の選択

図5-1は教師の転機に着目し、TLMGを用いて教師の生徒認知の変容プロセスを示したものである。TLMGを用いることにしたのは、生徒認知が信念や価値観に支えられ人間の内面に形成される性質をもつためである。容易に変容することのない生徒認知が、転機における事象をいかに内在化、外在化させ、変容するのか。このプロセスを詳細に捉えるためにはTLMGが有効であると考えた。

OPP および BFP としての「衝撃」

転機による事象の内在化への起点となるのは「衝撃を受ける」出来事を経験することであった。教師は、それまでの自己の考え方の枠組みとは異なる文化に接し、強い衝撃を受ける。特定の出来事が衝撃を受けるほどの事象であると、教師の根幹にある信念でさえも覆されることがある。この経験は、生徒認知の多様化に至るまでに、必ず行きあたる事象であるだけでなく、教師が自身の振り返りを通じて明示的な分かれ道であったと気づかされる転換点でもある。そこで、「衝撃を受ける」事象をOPPおよびBFPとした。教師はこの衝撃を機に、事象を捉え、自己を見つめ直す中で、他者を受容し、やがて生徒認知を多様化させる。OPPおよびBFPとしての衝撃が、第2層へと向かうか否かは、教師が転機における事象をいかに受け止めるかということにかかっている。

PS の発生と受容

第2層の「Ⅰ教師自身の内面の省察」と「Ⅱ自己と他者の受容」というPSは、教師が自身の内面に気づき、向き合い、受け入れるという一連のプロセスを促す記号である。これらは、教師が何らかの判断をする際に媒介となり、行動変容に影響を与える象徴的な機能をもつものである。しかし、PSが発生しても第3層に進むことは容易でない。そのため、「Ⅰ教師自身の内面の省察」と「Ⅱ自己と他者の受容」を「生徒認知の葛藤期」と「新たな生徒認知の確立期」をまたぐPSとして描写している。「衝撃を受ける」出来事を経験しても、「現状を受け入れられない」場合、ここでEFPへの歩みを止めることになる。

第 2 層の重要性

生徒認知の多様化において最も注目すべきプロセスは第2層の変容である。生徒と安定的な関係性を築いている教師が「衝撃を受ける」出来事を経験した場合、教師自身の過去が厳しく否定的に認知されることがある。つまり、特定の出来事によって自身の内面を省察する内在化プロセスが、教師にとって負荷のかかる出来事になり得るということである。第2層の「内面的な気づき」をいかに受け入れるかということは生徒認知の多様化に進むための岐路である。

第2層で「新たな生徒認知の確立期」をむかえると、第3層で「生徒を捉える新たな視点」を得るプロセスへと進む。転機における事象の内在化を経て、特定の生徒への見方や捉え方が変容すると、第1層の教師の行動にも変化が表出する。そして、転機に直接的に関連する生徒に対する視点だけでなく、生徒全体を捉える視点も変化する。こうした生徒認知の外在化プロセスを経て、教師の生徒認知は多様化するのである。

〔阪下ちづる〕

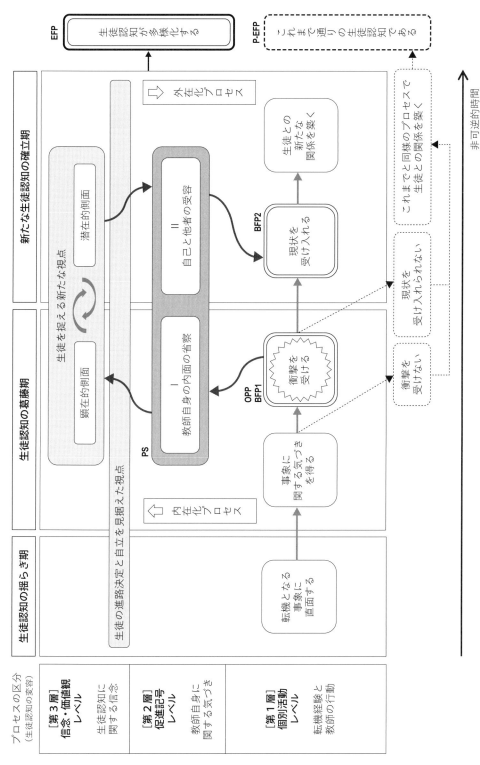

図 5-1　教師の生徒認知の変容プロセス

価値観の変容を捉える
── TLMG 第2層の描き方を中心に

［論文］上田敏丈（2014）初任保育士のサトミ先生はどのようにして「保育できた」観を獲得したのか？
　── 保育行為スタイルと価値観に着目して．保育学研究，*52*，232-242．（図は原著の図2・図3を一部改変）
［要旨］本研究は、初任保育者の保育行為と価値観との関係性を発生の三層モデルを手がかりに、日々の保育行為が価値観に影響を与えていくプロセスを明らかにする。結果として、とまどい期から、試行錯誤期を経て、保育できた・できる観を獲得していくプロセスが明らかになった。
［対象］公立保育園で働き始めた初任保育士1名
［分野］保育学
［EFP（等至点）］初任保育士として私が「保育できた・できる観」の獲得

行為と価値観の狭間で生起する記号としての中間層

本論では、初任保育士が働き始めたころ所持していた価値観が、日々、子どもと関わる上で自身の行為をどのように捉え、葛藤し、価値観へと繋がっていったのか（あるいはいかなかったのか）を明らかにした。最終的に、EFP は「保育できた観」の獲得として設定した。初任保育者は、初めての職場環境で、養成校で得た知識・技術をベースに、何とかクラス担任として働いていく。その最初の1年間は、揺れ動き、迷いながら働いているだろう。

保育者は、こうなってほしい、こういう経験をしてほしいという保育者の願い（価値観）がある上で、眼前の子どもに関わる。だが、この際に、ある種の価値観がそのまま保育者としての行為を規定するわけではない。子どもと関わる上で多様な行為があるが、初任保育士は、どれが正解かはわからない。それがある種の価値観として、生成されるプロセスに重要な役割を果たしているのが、中間層である。

葛藤を示す BFP

本 TEM では、非可逆的時間の中で一見すると、行為が戻っているように見える箇所がある。しかし、これは現象としてはくり返し行われている行為が、中間層にある BFP（葛藤）で迷いながら行われていることを示している（図中①）。日々の関わりとしては、数多く行っているが、「保育行為不安」という分岐点の中で行っている行為がレイヤーのように重なっていると考えるとよい（図中②）。

また、中間層の BFP に SD/SG が描かれている。これはさまざまな SD/SG（保育士への他者の働きかけ、職場環境など）が、保育士自身のフィルターを通してどのように受けとられているのかを表すため

に、ここに記している（図中③）。例えば、図中④の「具体的指導の欠如への不安」を感じていることに対して、SG「自立期待」と SD「自分で考えて増加」がある。園長や他の保育者からの励ましであることが推測されるが、それをどのように受け止めるかは、本人次第であり、SG にも SD にもなり得る。本 TEM では、5つの BFP を描いているが、これはそれぞれが数ヶ月にわたって保育士の葛藤としてゆらいでいるポイントとして描いた。

価値観の変容に至らない記号

中間層を描く上で、重要なポイントが BFP である。この BFP はさまざまな試行錯誤として表出される。例えば、図中⑤であれば、幼児に対して「ほめる」ことがよいのか、「しかる」ことがよいのか、どちらの有効性も感じつつ、日々、関わりを試行錯誤しながら行っている。その意味では、図中②と同じく、多数の行為の集積として、図中⑥の矢印を描いているが、双方向としているのは、その頻度の高さを示している。ただし、このような意図であることが十分に本文に記されていないことは反省点である。

中間層での葛藤は、必ずしも価値変容を促さない。図中⑥で何度も試行錯誤しつつ、⑤の BFP は価値変容へは至らないこともありうるのである（図中⑤の右矢印）。

中間層を描くためには、現実世界で生起する多数の行為に影響を及ぼす何らかの記号を見付けることである。ただし、その記号が必ずしも価値観変容を促すかどうかはわからない。それは個々の事例を通して、丁寧に検討することが求められよう。

〔上田敏丈〕

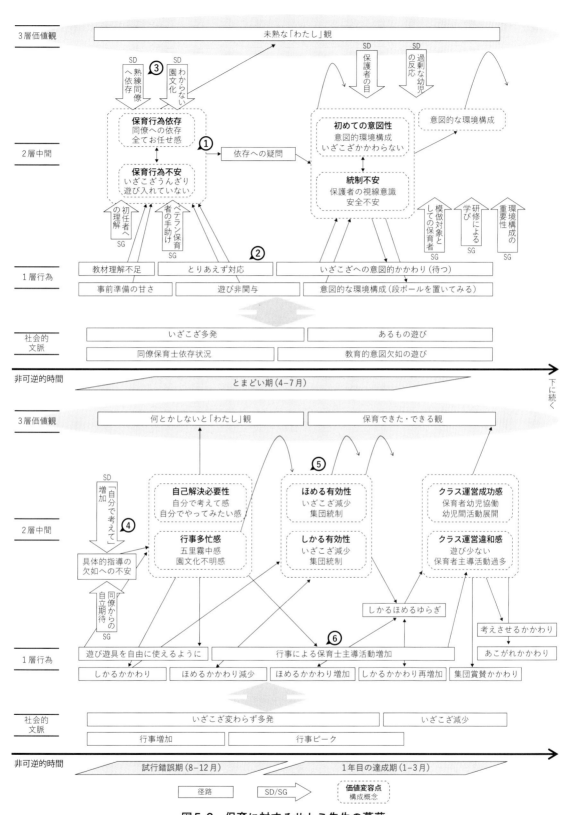

図5-2　保育に対するサトミ先生の葛藤

「思考力の重要性」という促進的記号の作用に注目
―― 中国人教師の信念の内化と外化を描く TLMG

[論文] Zhang, X., Kubota, K., Kubota, M., & Li, K. (2020). The changing process of Chinese teachers' beliefs when using thinking tools. *International Journal for Educational Media and Technology, 14*(1), 38-45.（図は原著の図 2 を一部改変）

[要旨]　本研究は、シンキングツール導入後、8 名の中国人小学校教員の成長の BFP に注目し、教育観の変容と維持するプロセスを分析した。【思考力育成の重要性】という促進的記号の内化のしかたの違いによって三つの教育観が形成され、教育観が外化した結果としての教育実践も異なった。

[対象]　シンキングツールを授業中に導入した中国人小学校教員 8 名
[分野]　教育工学、教育学
[EFP（等至点）]　シンキングツールを活用して児童の思考スキルを育成する授業を行えるようになる

関心の生起

　思考スキルを育成するシンキングツール（以下、TT）を中国の一部の小学校に導入したが、思考スキルの育成に重点をおくようになった教員がいた一方、知識を教え込む方法を変えない教員もいた[1]。TT を利用する意義を問い直す BFP において、中国人教員の教育観がどのように変容または維持していったのか。分析の結果、【思考力育成の重要性】という促進的記号の内化のしかたの違いによって、教育観は、児童の知識習得と思考スキルの育成の両立を望むタイプ 1、思考スキルの育成へシフトしたタイプ 2、知識習得重視に固執するタイプ 3 の三つに分類できた。

促進的記号による内化プロセス

　内化のプロセスにおいて、【成績を重視すべきか】、【思考力を育成すべきか】という葛藤 1 があった。思考スキルの重要性に気付いてから、タイプ 1 の教員は、クラスの成績を維持しなければならなかったため、さらに記号レベルで【思考スキル育成のために TT を利用し続けるか】と【クラスの成績を維持するために TT の利用を諦めるか】との間で葛藤 2 が生じ、児童の思考スキルの育成と成績を両立させるという教育観を持つようになった。タイプ 2 の教員は、クラスの成績に強いこだわりをもたず、思考スキルの育成に取り組むようになった。タイプ 3 は、思考スキルの重要性という促進的記号が発生したが、保護者からの知識習得を重視するようにと

の圧力が強く働いたため、思考スキルの育成よりもより多くの知識を習得させるようになった。

信念形成後の外化プロセス

　外化プロセスにおいて、タイプ 1 では思考スキル育成と知識習得の場面を分けるという促進的記号が生まれ、授業で TT を利用する活動と利用しない活動を明確に分けて授業実践に取り組んだ。タイプ 2 では、TT を使って児童の思考スキルを高めようというと促進的記号が生まれ、ツールを使って児童の思考スキルを高める実践を行うようになった。タイプ 3 は、TT を利用して児童に知識習得させようと認識し、知識習得に向けた目標を持って TT を利用するという行為につながった。

苦労した点と工夫した点

　一つめは、葛藤経験は TLMG のどこの層に表現すべきか、であった。2017 年当時は二つの葛藤経験を記号レベルの層に置いたが、環境につながっている感情や行為レベルに置くべきではないかという指摘を受けた。それを踏まえて再考した結果、環境にあふれている記号と内面意識を表す促進的記号を区別し、葛藤 1 を感情や行為レベル、葛藤 2 を記号レベルの層に置くことにした。

　二つめは、概念の解釈の難しさであった。TLMG 図を作成しても、うまくそのプロセスを言葉で説明できなかった。これらの概念と TT との関連を再考し、抽象度が高い概念は具体的文脈に落とし込むべきだという考えから、内化と外化のプロセスを導入し、まとめることができた。

〔張　暁紅〕

1）Zhang, X., Kubota, K., Kubota, M., & Li, K. (2019) Developmental trajectory patterns of Chinese teachers employing new teaching strategies with thinking tools. *International Journal for Educational Media and Technology*, 13(1), 104-114.

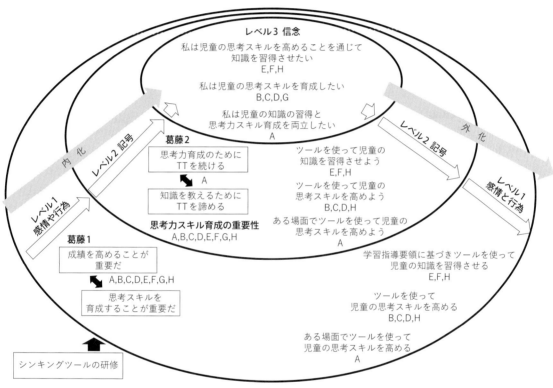

図5-3　中国人教員の教育観の変容・維持するプロセス

column 3　必須通過点と分岐点

　時間とともにある人生径路のモデルをつくっていく手法である TEM では、研究者が関心を持った現象である EFP を設定するところから研究がスタートする。そして、研究者が関心をもった現象を経験した人をお招きして話を聞く手続きが HSI である。TEM を方法論として採用する研究者にとっては、ご招待した人の話をお聞きして、EFP までの複線径路を描くことが研究の大きな目的の一つとなる。

　データを取って分析する以上、際限なく過去を振り返って話を聞いていくことは困難であるため、研究者は捉えたい現象の内容に応じて大まかな語りの始点を決定する。例えば EFP が大学卒業なら始点は大学入学、EFP が転職なら始点は入社といった形である。EFP と始点が確定すると、始点を基点とした非可逆的時間の流れのなかで、EFP に至る径路を描くという TEM の基本骨子ができあがることになる。

　対象者の語りから得られた、始点から EFP に至る多様な人生径路を研究として分析するための道具立てが OPP と BFP である。安田[1] は OPP の種類には制度的必須通過点、慣習的必須通過点、結果的必須通過点があるとしている。OPP とは多様な人生径路において、行動や選択がひとつの有り様に収束しているポイントであり、そこでは文化的・社会的な制約や制限がかかっていると理解することができる。OPP から OPP へとスムーズに人生径路が進んでいる時には迷いや葛藤は生じない。例えば、赤信号（制度的必須通過点）では止まるというようにいわば反射的に人生は経過していくことになる。このような場合は新しい促進的な記号は発生していない。

　一方、人生径路において迷いや葛藤、せめぎ合いが生じるポイントが BFP である。BFP が生じることで、人生径路に複線性が生まれる。TEM では、BFP におけるせめぎ合いにおいて、EFP へと近づける力を SG、逆に EFP から遠ざける力を SD として概念化しており、両者のせめぎ合いを TEM 図の中に丁寧に描くことで、TEM を用いた研究が豊かになる。例えば、就職活動というシーンを考えてみよう。働き方や就労形態が多様になりつつあるとはいえ、大学を卒業した後は、社会に出て働いて自立することが文化的・社会的に期待されているといっていいだろう。そんな中、ユーチューバーになりたい、小説家になりたい、ミュージシャンになりたい、日本刀の刀鍛冶になりたいなどと言うと一度は周囲の人たちから反対されるのではないか。そのように文化的・社会的に期待されている径路と自身の思い描く径路にズレが生じたときに BFP が生じる。そして、普通に会社に就職しないと人生で苦労すると諭す親の助言が SD として現れたり、人生一度きりだから思うようにチャレンジしたらよいと励ます友人の声が SG として現れたりするのである。

　BFP においては新しい促進的記号が発生している。この時どのような促進的記号が発生しており、どのようにその人の価値・信念や行為に影響を与えているのかを分析する理論が TLMG である。価値・信念に影響を与える BFP は、始点から等至点に至る非可逆的時間の流れのなかで、重要な時期区分の契機になりうるポイントである。OPP に依拠した文化的・社会的に埋め込まれた時期区分だけでなく、BFP に依拠した個人の価値・信念が変わる時期区分を TEM 図のなかで提示することができれば、研究者が関心を持った現象の理解に、新しい視点を生み出すことができるだろう。

　現代における文化心理学の代表的理論家の一人であるヴァルシナーも、BFP における緊張（tensions）を分析することなしに TEM が完成することはないと書いている[2]。文化的・社会的な観点から類型化がなされている OPP や、TEM が生まれて以降、理論的な拡張が進んでいる EFP、2nd EFP といった TEM の重要概念と比べると、BFP は理論面、実践面の双方において、まだまだ深堀をする余地のある魅力的な概念に映る。これからの TEM 研究の積み重ねのなかで、新たな BFP 概念や BFP の類型化などが提示され、TEM 図を描く上での BFP の理論的および実践的価値がより深まっていくことを期待したい。　　　　　〔宮下太陽〕

---

1)　安田裕子（2015）分岐点と必須通過点．安田裕子・滑田明暢・福田茉莉・サトウタツヤ（編）TEA 理論編 —— 複線径路等至性アプローチの基礎を学ぶ（pp.35-40）．新曜社．

2)　ヴァルシナー, J.（2015）TEM の一般哲学．安田裕子・滑田明暢・福田茉莉・サトウタツヤ（編）TEA 理論編 —— 複線径路等至性アプローチの基礎を学ぶ（pp.80-85）．新曜社．

見せ方に趣向を凝らす

　本章では、さまざまな工夫が凝らされた TEM 図を見ていきたい。石盛・朴・田淵論文では、TEM 図にナラティブデータを記載した吹き出し付き TEM 図が提示されている。河合・窪田・河野論文では、等至点（EFP）だけでなく両極化した等至点（P-EFP）に至った方のデータも盛り込んだ TEM 図が提示されている。豊田論文では、TEM 図と TLMG 図が一体的に描かれており TEA のダイナミズムを可視化する図として提示されている。それぞれオーソドックスな TEM 図とは一線を画す作図である。これらの各論文は、TEM の方法論としての拡張性を体現し、その可能性を広げている。研究者の研究設問や研究における訴求ポイントに応じてどのような工夫ができるのか、ぜひご自身の研究でもこれまでにない TEM 図に挑戦していただければ幸いである。

TEM 図で描くライフストーリー
—— 語りを重ねることで見える世界徳

[論文] 石盛真徳・朴修賢・田淵正信 (2019) 親族内での事業承継後 10 年以上経過した後継者のライフストーリーとキャリア選択プロセスの複線径路・等至性モデル (TEM) による分析 —— 次世代への事業承継の準備状況も含めて. 追手門経営論集, 25(1), 33-51. (図は原著の図 2a・図 2b を一部改変)
[要旨] 本研究では、人々の事業承継プロセスにおけるさまざまな経験について、比較的長い期間を対象に、TEM による把握を試みた。本研究の目的は、人々の事業承継プロセスの多様性を把握することであり、それは、次の研究課題である「径路の類型把握」へとつながるものでもある。
[対象] 事業承継後 10 年以上経過した 50 代から 60 代の男性の企業経営者 4 名
[分野] 経営学、社会心理学、キャリア発達
[EFP (等至点)] 事業承継 (対象者の社長就任)

ライフストーリー研究と TEA/TEM

　時間を捨象せずに個人の生活世界での体験へアプローチすることを可能にする TEA/TEM はライフストーリー研究との相性がきわめてよい研究法である。社会心理学を専門とする筆者は、英国在住の日本出身女性のライフストーリー研究に用いるために TEM を学んだが、その後、着任した大学（所属は経営学部）の研究所におけるプロジェクトとして事業承継という研究テーマに出会った。そのプロジェクトでは、すでに経営学的な分析に基づいて報告書がまとめられていたが、まだ TEM を活用したライフストーリー研究が貢献できる余地が十分にあることが見て取れたので、同僚を誘って開始したのが本研究を含む一連の事業承継研究である。

吹き出し付き TEM 図の着想

　TEM を用いたライフストーリー研究の成果を学会等で報告する中で経験したのは、限られた発表時間の中では、図 6-1-1 のような通常の TEM 図を示して説明するだけでは結果の面白さが十分に伝わらないというもどかしさであった。つまり、対象者が彼らの経験や認識について自らの言葉で語った豊かなナラティブがバックデータとして存在しているにもかかわらず、通常の TEM 図では、ナラティブの内容を構成要素のラベルに抽象化してまとめざるを得ないため、個人型の TEM 図であっても出し殻のように無味乾燥になってしまっていたのであった。もちろん、別途リスト化したナラティブデータを資料として提示することで、TEM 図との対応関係を検討してもらい、理解・納得へとつなげることは可能なのだが、限られた時間内では、あまり有効には機能しなかった。そして、その問題点を解消するのに着想したのが図 6-1-2 の吹き出し付き TEM 図で

ある。この TEM 図の着想には、漫画の登場人物のコミュニケーションプロセスを、吹き出し内のセリフも含めて読み解くという共同研究を行った経験も影響を与えているであろう。この個人型の TEM 図の要素に吹き出しを付け、そこにバックデータとなる個人のナラティブを書き込むという方法は、比較的単純なアイデアに基づくものだが、一覧性という TEM 図の長所を維持しつつ、各々のナラティブの豊かさを同時に示すことが可能になる点で効果的といえる。

吹き出し付き TEM 図の作成のポイント

　事業承継研究の TEM 図作成では、まず EFP として対象者の「社長就任」を設定する。そして EFP に関連・影響する出来事や行動などをナラティブから抜き出し、OPP や BFP、あるいは SD や SG として配置し、事業承継の径路を描写する。TEM 図の作成段階で、ナラティブと構成要素とは分かちがたく結びついているため、吹き出しは対象者の行動だけでなく、SD や SG あるいは実際には起きなかった出来事にも、対象者の認識内容を表現するために付すとよい。なお、吹き出しに書き込むナラティブは、そのニュアンスが把握できるように、あまり細かくぶつ切りにせず、ある程度まとめて記入する方が理解しやすい。たとえば、SG の「父親の病気と事業承継への意向」に付けられた「ニューヨークに行く話があり、私はそちらに行きたかったのです。それぐらいから「早く辞めろ」となりました。」という吹き出しの内容のうち、「私はそちらに行きたかったのです」という部分は厳密には、「海外赴任する」に対応するナラティブだが、ここではこの吹き出しにまとめている。

〔石盛真徳〕

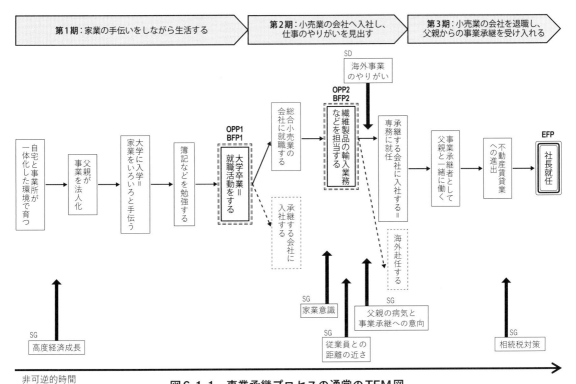

図6-1-1　事業承継プロセスの通常のTEM図

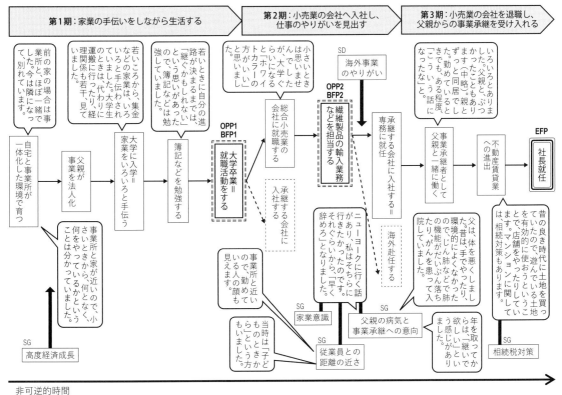

図6-1-2　事業承継プロセスの吹き出し付きTEM図

未来展望を等至点に
—— 捉えにくい現象に迫る TEM 図の書き方

[論文] 河合直樹・窪田由紀・河野荘子（2016）児童自立支援施設退所者の高校進学後の社会適応過程 —— 複線径路・等至性モデル（TEM）による分析．犯罪心理学研究，*54*(1)，1-12.（図は原著の Figure 1 を一部改変）

[要旨] 児童自立支援施設退所後、高校に進学した者の中退率は、一般家庭からの進学者に比べて著しく高い。本研究では、児童自立支援施設退所後に高校に進学した者のうち、高校を卒業した者と中退した者の人生の選択の過程を分析することで、退所後支援のあり方について検討した。

[対象] 児童自立支援施設退所後に高校進学した者 4 名
[分野] 児童福祉
[EFP（等至点）] 高校卒業資格を取得する

EFP と P-EFP の設定

本研究では児童自立支援施設退所者の高校卒業後の社会適応過程を本題としたが、"社会適応" ということばの概念を具体的にどのように設定するのかが課題であった。

調査協力者にインタビューを行うなかで、すでに高校を中退して別の道に進んだ者もいるが、高校進学を決意した時点で全員が、高校卒業資格を取得することが自分の人生にとってプラスになると考え、中学卒業以降の次なる目標としていた。このことから、EFP を「高校卒業資格を取得する」とした。必然的に P-EFP は「高校卒業資格の取得をあきらめる」と設定した。

TEM 図を作成するにあたり留意した点

調査協力者は 4 名であった。筆者としては、個々の事例から共通点を見出すことはもちろん重要であったが、それぞれが抱える個別の事情も大切に扱いたかった。そのため、調査協力者にはインタビューを基に作成した TEM 図を見てもらい、まずは個人の TEM 図を完成させた。その上で個々の TEM 図を統合して一つにまとめた。その際、「行為・経験」をあらわす項目の上部に調査協力者を示す A, B, C, D というアルファベットを表記することによって、4 名の調査協力者のうち誰が経験した径路なのかということがわかるように工夫した。

TEM 図の作成にあたっては、多くの人に意見を聞きながら、何度も修正を加えた。幸い、筆者が大学院在学中に執筆した論文であっため、講義やゼミの時間を使って、多数の研究者や大学院生と検討を重ねることができた。そのことで TEM 図のクオリティと妥当性を高めることができた。

TEM 図の作成で見えてきたもの

TEA の概念として特徴的なものに、BFP、SD/SG がある。ここでは 4 つの BFP とその選択に影響を及ぼしたであろう SD/SG を抽出した。なかでも 4 名の調査協力者に共通する BFP となったのは「授業で新しい科目を習う」（図中①）と「担任教師とのかかわり」（図中②）であった。つまり、自ら担任教師や友人を頼ったり、周囲からの励ましや期待に応えようとしたりすることが、その後も高校を続けるかどうかの選択に影響を及ぼすことが示されたのである。また、そのような社会的サポートを得ることや教師への信頼はそれまでの生育歴やアタッチメントスタイルが影響していることが考えられた。

分析の手法としての TEA

本研究において TEA の手法を用いたのは、何が人生のターニングポイントとなり、何がその選択をする際の要因となったのか、そしてどのようにして高校卒業資格を「取得する」もしくは「あきらめる」というひとつの決断に至ったのかを分析するためであった。それにより、施設入所中から退所後のアフターケアにおいて、どのような援助をどの段階で行うことが有効であるのか検討することができた。

また、筆者は調査協力者とともに TEM 図を作成する過程で、調査協力者自身がこれまでの人生を振り返るだけでなく、積極的に今後の展望や目標を見出していくのを目の当たりにした。TEA は単なる分析の手法としてだけではなく、個人の内的変化をもたらすような心理臨床としての応用の可能性を含んだアプローチであるともいえる。

〔河合直樹〕

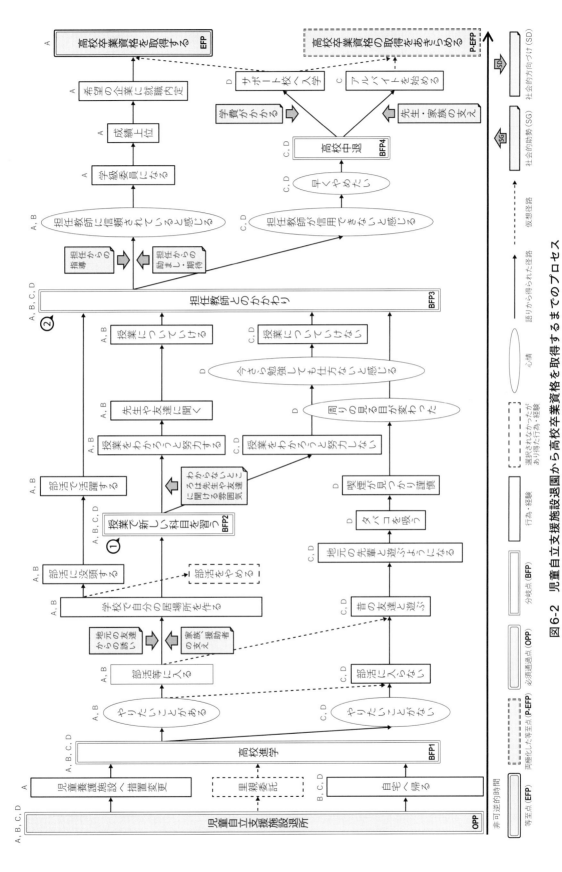

図 6-2　児童自立支援施設退園から高校卒業資格を取得するまでのプロセス

23名の径路を1枚のTEM/TLMG図に
── 多様性を見やすくコンパクトに

[論文] 豊田香（2015）専門職大学院ビジネススクール修了生による生涯学習型職業的アイデンティティの形成 ── TEAと状況的学習論による検討．発達心理学研究，*26*，344-357.（図は原著の図1を一部改変）
[要旨] 経験知が評価される一般企業の社員が、大学院教育を受けることで、理論を職業実践に取り込む意義を知り実践しようとする。そこでは既存の組織文化との間で緊張関係が生まれるが、社会科学を勉強し続ける意義を見出し、組織や働き方そのものに働きかけようとする主体的な信念が確認できた。
[対象] 社会人専門職大学院ビジネススクール修了生23名
[分野] キャリア発達
[EFP（等至点）] 大学院の学びを職業で活かす（2nd EFP：社会科学を生涯学習しつつ活かして働く）

TEAのダイナミズムを1枚に描出する「TEM/TLMG図」

TEAの理論的枠組みに基づけば、HSIとTEMとTLMGは、非可逆的時間を軸として、1枚で可視化できると考えた。TEMとTLMGとの関係において、インタビューなどの一次データから比較的可視化しやすい個別活動レベルの行為や思いは、TEM図としてTLMGの第1層で、さらに質的に研究者が深く掘り下げ、対象者に寄り添い概念として抽出する記号や価値観・信念は、それぞれ第2層と第3層に描けると考えた。研究当時は、1枚ですっきりTEAのダイナミズムを可視化する試みは見あたらず、本研究が初めてだった。結果として、1枚で23名もの径路選択を、非可逆的時間を軸とした「TEM/TLMG図」として可視化ができた。

BFPの多様性とVTM/VTE

23名を対象とした職業キャリアに関するアイデンティティの変容径路を、抽象度を上げて1枚に可視化させるには、23名の一定の多様性を捨象し、等至点に至るまでの径路の類型を示すことを優先させる必要があった。その際に捨象した固有な現象は、研究のさらなる視点として、図中のBFPの中に埋め込む形にし、論文中の別表でその詳細を説明した。それぞれのBFPの中では多様な現象がみられたが、これをさらに短い期間の変容として抽象度を下げて、VTMやVTEとしてTEM/TLMG図で描くことも可能と考えられる。たとえばBFP3（図中①）では、〈論理的に言語化して提案する力〉など7つの現象が確認され、相互関連して、次の径路を選択する要因となっていた。調査協力者が多い場合は、このようにBFPの抽象度を上げ、図を簡略化しつつ、研究を深める事象を示すことが有効かもしれない。実際に筆者の博士論文では、これをもとに

尺度選択や仮説生成を行い、量的研究を交えた混合研究法へと発展させた。

「1・4・9の法則」の先の先、「25（±5）」が示すもの

TEAでは、1事例は径路の深みを探ることができ、4事例（±2）は経験の多様さを可視化でき、9事例（±3）は、径路の類型が把握できるとされる。その先の先となる事例25（±5）が示すものは、本研究により、「BFPの類型把握と径路類型の偏りの把握」であることが示された。本研究は結果を1枚のTEM/TLMG図で示すことが目的の一つだったので、BFPの類型把握は別表とした。径路類型の偏りの把握は、TEM/TLMG図内の矢印上に、その径路を選択した人数を表示することで明示した。さらに、研究者が考察対象として掘り下げたい典型的な事例は、図中の太矢印で示すことで、全体の中に位置づけながら、研究者がデータから離れることなく、個別具体的な事例を示しつつ考察を進めることができた。

BFPと時期区分を決める根拠

対象者23人ごとにTEM/TLMG図を作成することで、抽象度を調整しつつ、記号（第2層）と価値観・信念（第3層）の変容の共通性を見出した。それにより、BFPや時期区分、また2nd EFPの根拠を研究者が納得して抽出し、記述できた。TEAは、質的研究方法として学際的汎用性、また社会実装の可能性が広く報告されている。TEA全体の認識枠組みを非可逆的時間の中で、「TEM/TLMG図」という一つのダイナミズムとして理解することで、TEAの初学者も中・上級者も、分岐点や時期区分に確信がもてるのではないかと思う。一見遠回りのようだが、そこにTEAの深みの入り口があるように思う。

〔豊田 香〕

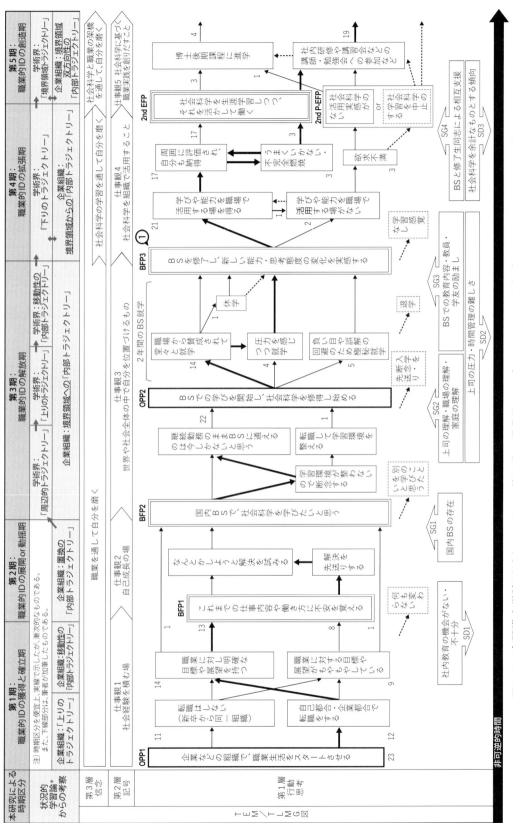

図6-3 専門職大学院ビジネススクール修了生の職業的アイデンティティの変容プロセスのTEM/TLMG図

明らかにされた時期区分（上部）と状況的学習論*から考察。図内の数字はその経路をたどった協力者人数。太線は、特徴的な経路をたどった協力者Sさんの経路。BSは専門職大学院ビジネススクールの略。

*Wenger, E. (1988) *Communities of Practice: Learning, meaning, and identity*. Cambridge University Press.

column 4　語りをどこまで残すか ── TEM の詳しさや丁寧さ

　TEM 図を描く際、収集したデータのうち、どの現象や経験を取り上げ、あるいは何を取り上げずに作図すればよいのか、また、ラベルには生の言葉をどの程度残し、どの程度抽象度を高めてまとめるか。

　この問いに唯一絶対の解はない。データの中で使われている言葉を用いてボトムアップにラベルを作り、TEM 図を描く。一方で、全体を見通し、研究の目的と、現象や経験との関係を踏まえ、何を描き出すことに意味があるのかを何度も問い直しながらラベルの文言や配置を見直す。その TEM 図を HSI でお招きした方に見せてさらに話を聞き、TEM 図を描き直す。これを繰り返すなかでトランス・ビュー的な TEM 図が完成するのである。

　ラベルの文言を抽象度が高い概念でまとめてしまうと、その現象や経験をその人のライフ（生命・生活・人生）の径路として可視化する理由が見えにくくなり、個々人のライフを丁寧に追究するという TEA の本質から離れてしまう可能性がある。しかし、データを捨象せずに細かく描き込むと、TEM 図を見る人にとって、その研究が何に焦点をあてているか理解しにくくなる。

　TEM において、このラベルの文言の検討は、当事者のライフに迫るための概念形成と分かちがたく結びついている。たとえば若杉（3 章 1 節）は、BFP「大学院を勧められる」を起点に、実現した「大学院を断る」と、実現しなかった「やりたいことはないが大学院へ進む」とに径路を分けている。後者を「大学院へ進む」という文言にせず、「やりたいことはないが大学院へ進む」としたことで、この頃と EFP「自分の求める教師になるための、軌道修正として大学院へ進学する」に至る時期とでは、大学院進学の意味づけが変容したことを可視化している。

　TEA において詳しく丁寧に対象に迫ることは、語りに出てきた現象や経験を全て径路として可視化したり、その全てに対して実現しなかった径路を立てたりすることを意味しない。逆に情報を取捨選択し、整理して描こうとするなかで、研究者は何が研究課題にとって描く意義がある径路であり BFP であるか、また、何がその径路に加わる SD や SG であるかについて理解を深めることになる。

　情報の取捨選択やラベルの文言の抽象度の検討に、オープン・コーディングなど既存の手法を活用することも有効である。本書ではライフライン、SCAT、GTA、テキストマイニングやクラスター分析と KJ 法を併用した混合研究法を援用した研究などを収録した。質的データからのモデル生成については、やまだ（2020）[1] が詳しいので、それも参考にされたい。

　論文で TEM 図を提示する際にも、分析結果をよりよく伝える工夫が見てとれる。例えば石盛・朴・田淵（6 章 1 節）は、吹き出しにより具体的な語りを示しており、若月（3 章 2 節）は、全体図では概略を示すに留め、それとは別に時期区分別の詳細図を用意している。

　TEM 図を描く行為は、研究者を、こうした試行錯誤へと誘う。これが、TEM が個々人の「具体的なライフ（生命・生活・人生）を丁寧に考えることを本質的に含んでいる方法論である」（サトウ，2012，p.4）[2] と言われる所以である。

〔小澤伊久美〕

---

1)　やまだようこ（2020）質的モデル生成法（やまだようこ著作集 第 4 巻）．新曜社．

2)　サトウタツヤ（2012）質的研究をする私になる．安田裕子・サトウタツヤ（編著），TEM でわかる人生の径路 ── 質的研究の新展開（pp.4-11）．誠信書房．

第7章

葛藤を可視化する

　本章では、TEM によって葛藤を可視化することで、さまざまなライフの径路を捉える様を見ていきたい。心理学において葛藤とは、個人的に相互排他的な複数の要求が存在するような状態のことを指す。内的葛藤もしくは個人的葛藤と、社会的葛藤と呼ばれる、個人もしくは集団が相反する利益を得ようとするために起こる競合や対立の状態を指し、社会的葛藤と呼ぶことがある。本章では、放射線被曝回避と自主回避、前向きな不妊治療と暗い影の中の不妊治療、不妊治療継続と終結の決断、教師になることとそうでない生き方、といったさまざまな葛藤が TEM で描かれている。どれもが個人的な葛藤が、属する社会や文化との軋轢でもあることを可視化しており、TEA が文化心理学に依拠していることを再確認できる章となっている。

常に横たわる P-EFP
── TEM 図の空間に避難生活の揺れを描く

[論文] 松永妃都美（2018）乳幼児を養育していた母親が福島第一原子力発電所事故の放射線被ばく回避を目的として自主避難を実行するまでのプロセス．日本地域看護学会誌，*21*(2)，14-21.（図は原著の図1を一部改変）

[要旨] 福島第一の事故で放出された物質からの直接的な健康影響は考えにくいとされている。ではなぜ、自主避難は行われたのか。本研究では、自主避難が実行されるまでの心理・行動のプロセスを明らかにした。そこには、社会的事象に対処した母性と、母親の強い覚悟が描き出された。

[対象] 福島第一の事故当時、乳幼児を養育していた者のうち、自主避難を継続していた21名の母親
[分野] 看護学
[EFP（等至点）] 放射線被ばく回避を目的とした自主避難の実行

TEM 図の配置

本稿は当初、非可逆的時間が上から下に向かう縦型の TEM 図としていた。P-EFP は TEM 図の右側に長細く縦並びに配置した。しかし論文投稿時に、心理や行動のプロセスは左から右に移行する方が理解しやすいと助言をうけ、この TEM に変更した。

EFP と P-EFP、OPP・BFP の設定

HSI は自主避難を継続していた母親とした。そのため、当初 EFP は「自主避難を継続する」と設定していた。しかし一つの論文に長期的な経過を記載すると詳細な事象を TEM 図に記すことが困難になる。

よって母親のプロセスを「避難を実行するまで」と「避難実行から継続するまで」の2つの論文とし、本稿では「放射線被ばく回避を目的とした自主避難の実行」を EFP とした。P-EFP は、EFP と相反する表現と設定した。

本稿は、自主避難を継続していた21名のデータを使用した。一人ひとりの TEM 図を作成する作業は、時間と心身を消耗する気の遠くなる作業だった。しかしこの作業を通して、HSI した21名の「同一ではないが似ている経験」を抽出し、EFP までの径路を描写することが可能になった。21人もの話をうかがえば、豊かな感性と、興味深い経験をされた方に TEM 図が傾倒しそうになる。しかし一人ひとりの TEM 図を鳥瞰することで、同じような思考・行為を絞り込むことが可能になった。鳥瞰するためには時間が必要である。私は3日から1週間ほどデータから離れるようにした。OPP は、EFP に辿り着くうえで必須であった経験を設定した。すなわち本稿では「避難元の生活で放射線被ばく健康影響が起こると考える」「放射線被ばく健康影響

への不安と恐怖」「築き上げた生活や人間関係を捨てる覚悟」であった。この経験がなければ、EFP である自主避難の実行に辿り着かない。一方 BFP は、もし経験しなければ P-EFP の径路を辿ったかもしれない経験を設定した。すなわち「選択的情報集」「自主避難という選択の台頭」である。そして BFP に並行させ、「選択的情報集をしない」「自主避難という選択を考えない」という P-EFP に繋がる可能性のあった行為と思考を記した。HSI した対象者のどのような思考や行為を TEM 図に描くかは、「トランス・ビュー」が役立つ。筆者も HSI した母親らと TEM 図を囲み、推敲するプロセスを経た。

常に横たわる P-EFP と TLMG への可能性

本稿の TEM 図を、常に横たわる P-EFP の空間に配置した背景には、HSI した母親の全員が常に P-EFP に帰着する可能性があったことが挙げられる。HSI した母親のひとりが、「普通の毎日だったんです。ただ私は気づいて、変わってしまったんです」と語ってくれた。常に横たわる P-EFP は、人生が常に岐路の空間の中にあることを描いている。

論文および図として明確に示していないが、SNS 情報と SG ②③④ という現実が母親の価値観を変え、行動を変容させていることがわかる（図中①）。本 TEM 図では SD を設定できなかった。21名という集団を HSI とした TEM 図の限界であったといえる。HSI の条件を小集団もしくは個人とすることで、TLMG を導入したより深い人生の軌跡を描写することができるだろう。

〔松永妃都美〕

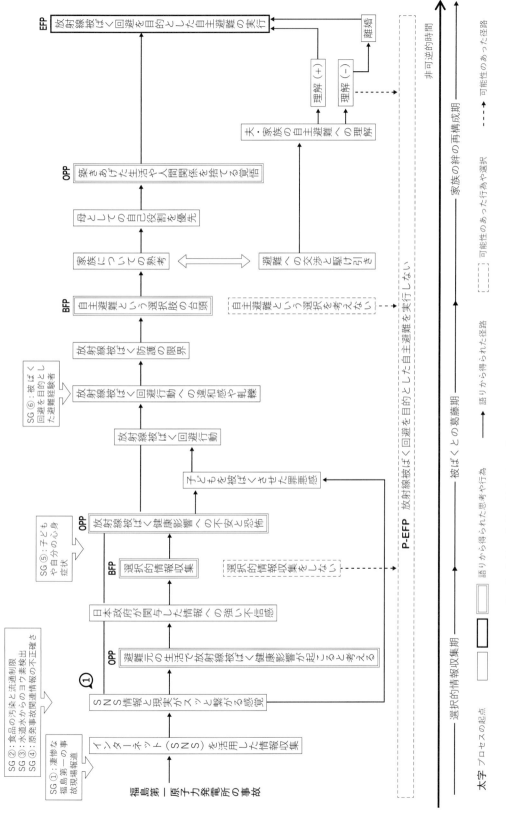

図7-1　母親が福島第一事故の放射線被ばく回避を目的とした自主避難を実行するまでのプロセス

EFP と 2nd EFP とが、時間経過で重なりながら、並走している

［論文］安田裕子（2017）体外受精適応となった女性の不妊経験への意味づけ過程 —— 複線径路等至性モデリングを用いて．保健医療社会学論集，*28*(1)，12-22.（図は原著の図 1 を一部改変）

［要旨］不妊治療中は、治療に専心するなかで心理的な視野狭窄に陥ることがある。本研究では、自らの価値観を大切にしつつ治療の選択をし、活動する場を広げながら、不妊の経験を意味あるものにしていったある女性の歩みを、転換点を可視化しつつ描出した。そこには成人期女性の生成継承性がとらえられもした。

［対象］体外受精適応となった 30 代半ばの女性 1 名

［分野］保健医療

［EFP（等至点）］意味づけながら前向きに不妊治療に取り組む

EFP と 2nd EFP の配置

子どもを望むも授からない不妊の渦中にありながら、悲観的になってしまわずに、自らの歩みを意味づける語り方をした幸さん（仮名）の意味世界をとらえたい —— こうした観点により、EFP を「意味づけながら前向きに不妊治療に取り組む」とした。さらに、その姿勢を保持するなかで「どんな結果でも受け入れる」という価値観が育っていったのであり、それを 2nd EFP とした。意味づけながら治療に取り組む有り様といかなる結果も受け入れる有り様は連続性をもち、積み重なる幸さんの価値観として形成されていた。それは、時間の持続のなかで醸成されたといえ、よって EFP と 2nd EFP を時間軸と並行させて長く置き、かつ、部分的に重なるよう配置した。

EFP と 2nd EFP へ至る布石としての表現

一連の不妊経験は、甲状腺の機能低下と子宮筋腫が判明し、健康ではないことを突きつけられ自己像が崩壊するほどの衝撃を受けたことを皮切りに語られた。ゆえに、幸さんにとって人生の大きな転換点となった、「甲状腺の機能低下と子宮筋腫がわかり、すごくショックを受け」た出来事を BFP とした（BFP1）。そのどん底の状態で幸さんは、自らの生き方や価値観をみつめ直し、その価値観のもとで治療に取り組んだ。よって、EFP「意味づけながら前向きに不妊治療に取り組む」に関連する治療の選択を BFP とした。具体的には、「子宮を休ませる治療の提案を受ける」（BFP2）、「採卵・顕微授精をもう一度やってみる」（BFP3）である。

また 2nd EFP「どんな結果でも受け入れる」に関わり、重要である経験を OPP とした。具体的には、「自分の身体と気持ちを大事にしようと心底思う」（OPP1）、「誕生学®と出会う」（OPP2）、「血のつながりにこだわることなく子どもを育てたいのだと気づく」（OPP3）である。もはや幸さんが、治療で子どもをもつこととは異なる価値のもとで歩みを進めていたことがとらえられた。

生成継承性の描出

「どんな結果でも受け入れる」（2nd EFP）という価値観を血肉化した幸さんは、その過程で「血のつながりにこだわることなく子どもを育てたいのだと気づ」いた（OPP3）ことを先述した。こうしたライフ（生命・生活・人生）への向き合い方は、結果的に出産し子育てをしている幸さんの姿勢にも映し出されている。すなわち、「うちにきてくれたこの子をしっかりと育てあげようという思いを大切にする」という幸さんの有り様には、血縁の有無ではない次元で一人の人間を育てようと考える生成性継承 —— 個人を超えて世代と世代をつなぎ、次世代をケアする責任を果たしていくために必要な成人期の発達課題 —— の有り様が見てとれる。

可能な径路の可視化

幸さんは不妊治療をやめずにいたが、治療で子どもをもつことに固執したり治療や妊娠の成否に揺さぶられてしまわない考え方や選択肢を有していたのであり、その様相を可視化した（図中①）。このことは、EFP や 2nd EFP の明確化と相関連することである。

さて、幸さんは「真剣に養子縁組のことを考える前に、不妊治療にけじめをつけようと考え」「凍結していた胚盤胞を移植した」。他方で、「凍結していた胚盤胞を廃棄する」選択もあり（図中②）、このことは、臨床的な観点や倫理的な観点から検討しうるテーマ性を有する。こうした社会的・文化的課題に接続しうることとして、見えにくさを可視化することもまた重要であるだろう。　　　　〔安田裕子〕

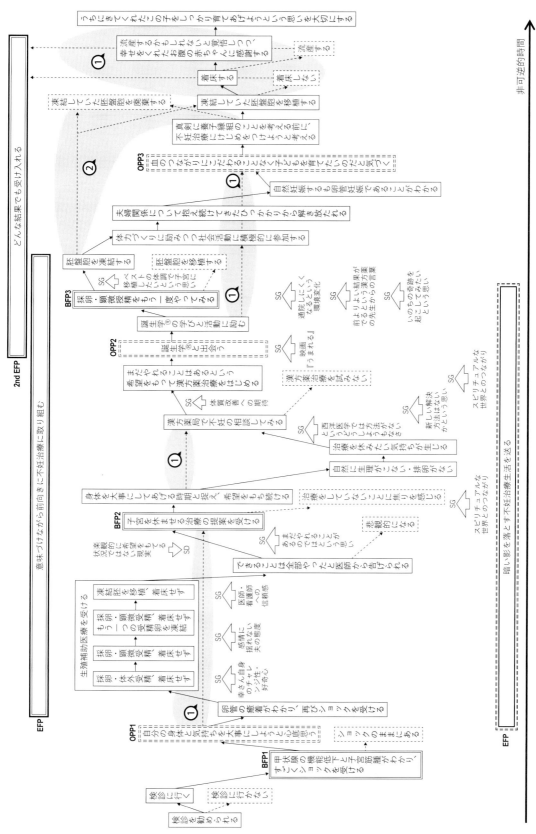

図7-2 子どもをもつことを望む幸さんの不妊経験の変容プロセス

多様な SD/SG の狭間で渦巻く価値観・信念

[論文] 三尾亜喜代・佐藤美紀・小松万喜子（2018）不妊治療終結後の女性が子どものいない自分らしい生き方を見出すプロセス —— 複線径路・等至性モデル（TEM）による分析．日本看護科学学会誌，*38*, 72-81．（図は原著の図1を一部改変）

[要旨] 不妊治療を終結した女性が子どものいない人生を受け容れ、自分らしい生き方を見出す過程の多様な径路と影響要因を明らかにし、求められる看護支援を検討した。その結果、夫婦共に納得のいく受療と終結の支援、葛藤や治療体験の意味づけが続くことを理解した情報提供やモデル提示の必要性が示唆された。

[対象] 子どもを得ず生殖補助医療の受療を終結し、夫婦2人の生活を送っている女性14名

[分野] 不妊看護

[EFP（等至点）] 自分らしく生きる（不妊治療体験に意味を付与し自己の成長を自覚し自己受容に至る）

複数の語りから模索の様相を可視化する

　不妊治療終結の決断は容易でなく、決断したとしても多くの喪失を抱えたまま、新たな生き方を模索していかざるを得ない。そのような女性たちの模索の様相が明らかになれば、支援が見えてくると考え、OPP、BFP、SD、SG を明白に示すことができる TEM を用いた。さらに、複数人を対象とすることで可能性のある選択肢を示すことができ、治療中の当事者にとって終結後に生じうることと人生の道標を示すことにつながると考えた。

　本研究では、まず9名を対象にそれぞれの TEM 図を作成した。その時点で、9名に類似の出来事、行動や選択、その時の気持ちや体験を摺り合わせて、OPP、BFP の抽出と径路を配置して全体の TEM 図（案）を作成した。その後、5名の TEM 図を全体の TEM 図（案）と対比し、他の径路の有無を探り、TEM 図を完成させた。14名の時間経過はさまざまであったが、「治療終結」OPP1 以降「子どもをきっぱりと諦める」OPP3 まで、子どもをもつことについて揺れ動く様を捉えることができたと考える。

SD/SG の間で渦巻く感情と揺れ動く価値観・信念

　「子どもをきっぱりと諦める」OPP3 以降は、その先の生活設計を模索しながらも治療に取り組んだ人生を振り返る中、さまざまな感情が交錯していた。

　14名の当事者は、さまざまな SD/SG の影響を受けるたびにポジティブな感情・ネガティブな感情が湧き起こり、それにより浮き沈みや揺れ動きを体験していた。しかし、いずれの当事者もさまざまな感情が巡り、浮き沈み立ち止まっても、後戻りするのではなく、時間の流れの中で、模索していたことが

うかがわれた。そのため、さまざまな感情を巡らせながらも F「治療に取り組んだ人生を肯定する」に向かって前進する様相を右回りの円環で示した（図中①）。また、渦巻く感情の中で、治療に費やした人生に意味が付与できたり、子どものいない人生に対する自分自身を縛る価値観・信念に気づき変化が生じたり、自己肯定感・存在意義が回復することで F に向かっていた。そのため、価値観・信念を円環の中心に据え、渦巻く感情によって外環から触発されているようにした。自己肯定感・存在意義は、人生を肯定する後押しになっており円環外縁に配置した。SG はこの円環を F へと押し上げ、SD は F'「人生を肯定できない」へ押し下げるものとして配置した。また、体験をていねいに聴取する中で、SD/SG の微妙なバランスにより容易に F' に向かう脆さも見て取れた。そのため、円環を不安定な線上に配置し、SD が強く働き後悔などのネガティブな感情が上方にきて円環が回ると円環外縁の自尊心低下が優位になり、F' に向かうことが示せると考え、ネガティブな感情を左下に配置した。

SD/SG の影響を見えやすくする

　F からの径路には、SG の影響を受け G「社会通念に囚われない」に向かい「自分らしく生きる」（EFP）に至る径路がある一方で、SD により G'「囚われ委縮する」径路、SD により F' から G' に向かう径路があった。通常、SD を上方、SG を下方に配置するが、SD/SG が、相反する径路に導くことを示したく、SG を上方に SD を下方に配置した（図中②）。人生の選択は SD/SG に影響を受けながら展開されていることを強調できたと考える。

〔三尾亜喜代・佐藤美紀〕

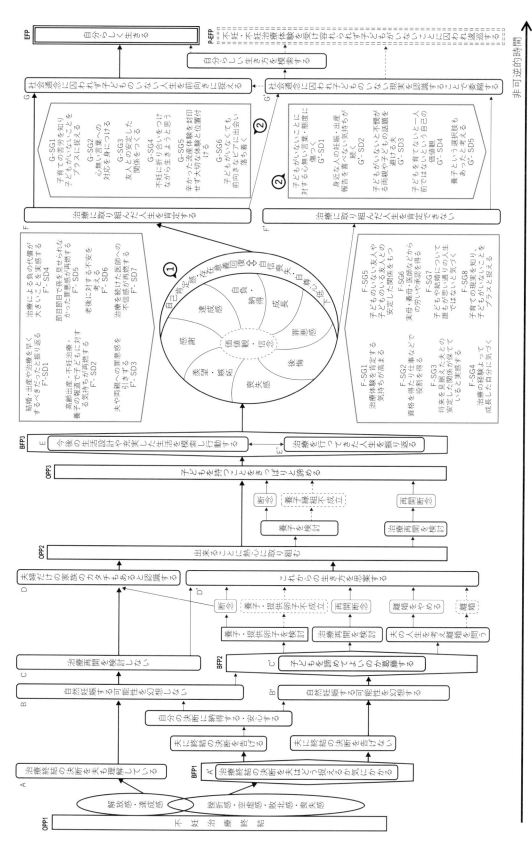

図 7-3　不妊治療終結後の女性が自分らしい生き方を見出すプロセス

Auto-TEM、自己を見つめながら
他者や社会の存在に気付いていく旅

[論文] 土元哲平（2022）教員志望学生のキャリア選択過程 —— Auto-TEM を用いた人生径路の探究．転機におけるキャリア支援のオートエスノグラフィー（第4章）．ナカニシヤ出版．（図は原著の図12を一部改変）

[要旨] 筆者の「教師になる」というキャリア選択の意味づけを明らかにし、キャリア支援への示唆を得るためにオートエスノグラフィーの観点から TEM を用いた研究を行った（Auto-TEM）。分析を通して、学生が「点的目標」ではなく「域的目標」を目指すことで、レジリエンス向上につながると指摘した。

[対象] 教員志望学生であった筆者1名

[分野] キャリア心理学

[EFP（等至点）]「大学教員・研究者として学生の学びをデザインしながら学問を探究したい」

オートエスノグラフィーと TEM

筆者の「教師になる」というキャリア選択の意味づけを明らかにし、キャリア支援への示唆を得るためにオートエスノグラフィーの観点から TEM を用いた研究を行った（Auto-TEM）。筆者は文化心理学的な視点から、オートエスノグラフィーを、研究者の「有する文化」（own culture）の理解を目的とした、「研究者を含むシステムの経験」（他者を含む）を対象とした学問領域・研究アプローチの総称と捉えている。オートエスノグラフィーでは、内的な自己理解の記述（つまり、自伝的理解）だけでなく、他者（人々）へ開かれた自己理解の記述を志向する。

葛藤を表現するための矢印による工夫

本研究の主題である「転機」を表現する上で工夫した点の一つは、TEM 図（図 7-4）における矢印である。ほとんどの TEM 図では、人生径路を描く際に、出来事同士を結ぶ矢印を直線で描いてきた。しかし、矢印も一種の「記号」であるとすれば、合理的、線形的にみられる直線の矢印は、人間の発達を表すのに適切ではない場合もあると考えた。そこで、合理的な判断や制度的に方向付けられた径路を直線で（図中①）、悩みや葛藤を伴う径路を曲線で表現した（図中②、③など）。

EFP と P-EFP の「対立」（opposition）を理解する

本研究では、EFP と P-EFP との関係を、個人の主観性を深く理解するための対立的概念と捉えている。文化心理学者のヴァルシナー（Valsiner, J.）によれば、ある事象（A）の意味は、その対極にある事象（non-A）に関係する。例えば、「教師になる」という選択には、「教師になれなかった」過去や、教師ではなく「医者になる」かどうかを悩んでいる現在の意味が関わるかもしれない。どのような事象や経験が、EFP の対極にあるか（P-EFP）を識ることは、その人の主観性を理解する上で本質的に重要である。筆者自身は、6回の Auto-TEM 図の改訂を経て、「大学教員・研究者として学生の学びをデザインしながら学問を発展させたい」という EFP（図中④）の対となる、「自分でコントロールできない状況によって、キャリアを変えざるを得なくなる」という P-EFP を見出した（図中⑤）。このように、P-EFP を単に「EFP の論理的否定」とみなすのではなく、EFP との対立的関係の中で捉えることで、本人の主観的意味により深く接近することが可能となる。Auto-TEM の利点は、このような対立的関係を精緻に探究できることにあると考えられる。

「モデリング」における自己と他者

本研究では、自己の物語を他者に語りながら、その経験が他者にとってどのような意味があるのかを問うていった。つまり、本研究における「モデリング」（モデルを生成していく過程）は、筆者ひとりで成し遂げられたものではなかった。特に、ある友人が困難な状況になったことを契機として、著者自身が自覚していなかった葛藤に気づいたこともあった。言い換えれば、研究過程を通した他者との出会いが、自分のこれまでの他者（社会）に対する見方を変革させたり、新しい経験の組織化を促したりする契機となる。その意味で、「自己」理解のために本質的に重要なのは「他者」の存在である。Auto-TEM の研究過程は、自分自身の人生径路を描きつつ、新しい自己理解や他者（社会）との結びつきを発見していく過程であるともいえる。

〔土元哲平〕

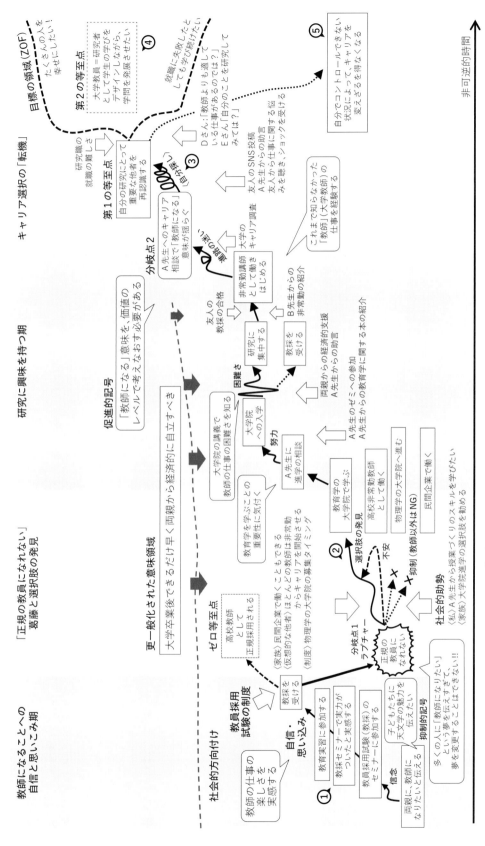

図7-4 「教師になる」キャリア選択の意味づけについてのAuto-TEM図

column 5　セカンド等至点（＋ゼロ等至点）・TEM 的飽和

　サトウ（2015）[1] は TEM 的な飽和について、「よい質的研究においては、研究者本人はもちろん周囲の指導者やその他の人にとっても『やりきった感』が重要となる」と述べている。また、「等至点設定こそ研究者の自由に任せられ」るが、「研究開始後の研究の質保証にとっては『両極化した等至点』、『セカンド EFP（当事者にとっての等至点）』と『セカンド EFP にとっての両極化した等至点』の解明が重要になる」としている。そこで、ここでは本章を構成する各研究が、P-EFP の設定の経緯、EFP からセカンド EFP をどのように設定したか、そして研究者や研究の周囲にある他者が "やりきった感" をどのように感じているのかについて、見ていきたい。

　放射線被ばく回避と自主避難をめぐる乳幼児の母親を対象とした研究を行った松永（7章1節）は、自主避難を継続した母親の EFP を「放射線被ばく回避を目的とした自主避難の実行」とし、対局にある P-EFP を、「放射性被ばく回避を目的とした自主避難を実行しない」とした。これは一見、「する／しない」といったシンプルな対峙だけに見える。しかし話は簡単ではなく、「自主避難を実行しない」日々を送るために、意図的に協力者達は情報収集や考えない選択をしていたと解釈したのである。そこから、EFP の対局にそれを置くのではなく横長に P-EFP を設置することで、外側からは分からない内面での選択・決断が可視化された意味は大きい。

　不妊治療女性に焦点をあてる安田（同2節）は、協力者の長い治療経過を支えた基盤として、「意味づけながら前向きに不妊治療に取り組む」姿勢が治療の初期からあったことを見出した。それを表すために、大半の治療期間を覆うように EFP を横に横たわらせている。また、P-EFP は「治療に取り組まない」ではなく、EFP に相対するように「暗い影を落とす不妊治療生活を送る」と設定した。このことで、同じ治療中であっても意味づけできていたり、前向きに物事を捉えられていたりで、セカンド EFP として「どんな結果でも受け入れる」境地に至ることは難しいと考える。そこに、協力者自身の変容が描かれている。

　同じく不妊治療女性を対象とした三尾・佐藤・小松（同3節）は、「治療終結」を始点に研究を始め、最終的に EFP としての「自分らしく生きる」ことを受け入れるまでの径路を描いている。ここでも P-EFP は「自分らしく生きない」とするのではなく、「不妊・不妊治療体験を受け容れられず子どもがいないことに囚われ逡巡する」と、具体的に挙げている。それにより、自分自身の問題であると同時に、子どもがいない現実に対する社会通念からの萎縮という、自分らしく生きることが許容されない現実を描いている。

　最後に土元（同4節）は、高校の教員志望だった彼自身がキャリア選択を積み重ねる中で、「大学教員＝研究者として学生の学びをデザインしながら、学問を発展させたい」といった、セカンド EFP に至るまでの TEA を描いている。研究法は Auto-TEM という、自分で自分自身を探求・研究する研究手法を用いている。そのため、P-EFP も「自分でコントロールできない状況によって、キャリアを変えざるを得なくなる」と、自分を中心とした表現になる。しかし、全てが自問自答だけで成り立っているのではなく、むしろ他者に語ることで気づかされたり整理されていったりした過程が見えてくる。また、彼自身も本文中で「自己」理解のために本質的に重要なのは「他者」であることから、それを EFP に据えているところも興味深い。さらに「研究過程を通した他者との出会いが、自分のこれまでの他者（社会）への見方を変革したり、新しい経験の組織化を促す契機となる」など、自己ととことん向き合ったことから生まれる達成感ややりきった感が伝わってくる。その意味でも、Auto-TEM の将来性に期待したい。　　　　　　　〔伊東美智子〕

1）　サトウタツヤ（2015）EFP とセカンド EFP —— 等至点の再設定の可能性．安田裕子・滑田明暢・福田茉莉・サトウタツヤ（編），ワードマップ TEA 実践編 —— 複線径路等至性アプローチを活用する（pp.8-12）．新曜社．

第**8**章

複数の図で関係性を描く

本章では、TEM によって二者間もしくは複数の対象者の関係性をいかに描き、分析することができるのかを見ていきたい。同じ等至点に向かって互いに関わりあいをもちながら、その個人と個人の径路がどのようにして相互に影響しあっているのか。また、個人の歩んだ径路をもとにしながらも、グループイベントや心理的感情との関係性も TEM では捉えられるということを本章では見ることができる。このような本章では、人間の発達や個々人のライフ（生命・生活・人生）に関するテーマを丁寧に考えることを前提とした TEM という研究方法の新たな可能性を読者の皆様にぜひ感じていただきたい。そして、今後の発展可能性として TEM を用いた研究で捉えられる事象の幅や多様な人生径路について、ともに考えていただけたら幸いである。

TEM の立体化で描く二者関係構築プロセス

[論文] 上村晶（2018）保育者と子どもの関係構築プロセスを可視化する試み．桜花学園大学保育学部研究
　　　 紀要．17，13-30．（図は原著の図 3 を一部改変）

[要旨] 1 年を通じて保育者が子どもとわかり合おうとする関係構築プロセスを明らかにすると同時に、多
　　　 様な TEM による可視化を試みた。本節の立体同時並行的に描く Parallel-3D-TEM では、各期の両者
　　　 の相互理解の度合いを面積比で表現し、関係性の変容を立体的に可視化した。

[対象] 保育経験 1 年目の保育者（および、3 歳男児）
[分野] 保育学
[EFP（等至点）] 互いにわかり合おうとする関係の構築

二者関係の構築プロセスを立体化する試み

初めての保育に不安や戸惑いが生じやすい初任保育者は、どのように子どもとわかり合おうとする関係を構築していくのか。この問いを解明するため、初任のリナ保育者と 3 歳児リュウドウ（仮名）の 1 年に及ぶ関係性の変容を TEM で描くことを試みた。

最も悩んだ点は「二者関係の変容をどう描くか」である。個人を主軸に描く TEM が多く散見される一方、保育者と子どもの関係性は、互いが双方向的に関わり合う中で構築されていく。保育者を「理解者としての主体」、子どもを「理解対象としての客体」として分断せず、保育者も子どもも「互いに主体」として捉える相互主体的関係[1]の視座から両者が紡ぎ出す関係構築プロセスを「一つの総体」として描く方法を検討し、二者関係性を立体同時並行的に捉える Parallel-3D-TEM を試案した。

TEM の立体モデル化に際する工夫と課題

この Parallel-3D-TEM では、二者関係の変容プロセスを「1 本の立体モデル」として描出するよう重視した。相互主体的関係の位置づけが明確になるよう、Y 軸に非可逆的時間の 1 年間の関わり合いを、X 軸には保育者と子どもを同時並行的に位置づけ、両者の関係構築の転機となった行為と関係性の変容（OPP）を配置した。SD/SG は一つの関係性そのものへ影響すると捉えて両端に配置し（図中①）、両者の境目を支点（図中②）として 120 度の角度で折り曲げて立体化した。また、関係性の変容に基づく各期の相互理解の度合いを調査協力者にポイント化（範囲：1 ～ 5）してもらい、両者が中央に近づくほど相互理解の度合いが低く、左右に広がるにつれて度合いが高くなるよう表した。その上で、二者間と支点までの距離で形作られた三角形（図中③）を「わかり合おうとする関係性の面積（$S=1/2absin\theta$）」として可視化し、面積が大きいほどわかり合えている度合いが高く、関係が構築されていることを表現した。

この Parallel-3D-TEM は、関係性の変容プロセスの全体像を三角錐のような立体で可視化できる一方、面積を数値化する意義、支点角度の適切さ、各期の細やかな流動的推移の非描出、3D の立体図を 2D の紙媒体出版物へ反映・掲載する難しさなどの課題も残存しており、更なる検討が必要である。

個と集団への対応で揺らぎつつ構築する関係性

リュウドウからの独占欲や自己主張に直面した際、リナ保育者は温かく受容する直接的支援か、自立を促す間接的支援かを瞬時に判断する局面に遭遇した（BFP1）。その際、クラス全体への集団対応責務感や他児への関わりが手薄になる他児関与希薄懸念などの SD に抑制され、「個と集団への対応」の狭間で葛藤したことが立体の縮小にも表れている。しかし、この葛藤を機に「もっとこの子のよさを信じてみよう」「7 月の失敗を繰り返さないように」など、子どもとの関係性を見直して新たな保育行為を意識・選択する SG により、徐々に広がりを帯びるように関係構築が促進したことも見出された。

本研究では保育者と子どもの関係に着目したが、保育以外の対人援助職や友人・夫婦関係など、多様な二者関係の変容の描出にも援用可能であると考えられる。

〔上村　晶〕

1）鯨岡峻（2006）ひとがひとをわかるということ ―― 間主観性と相互主体性．ミネルヴァ書房．

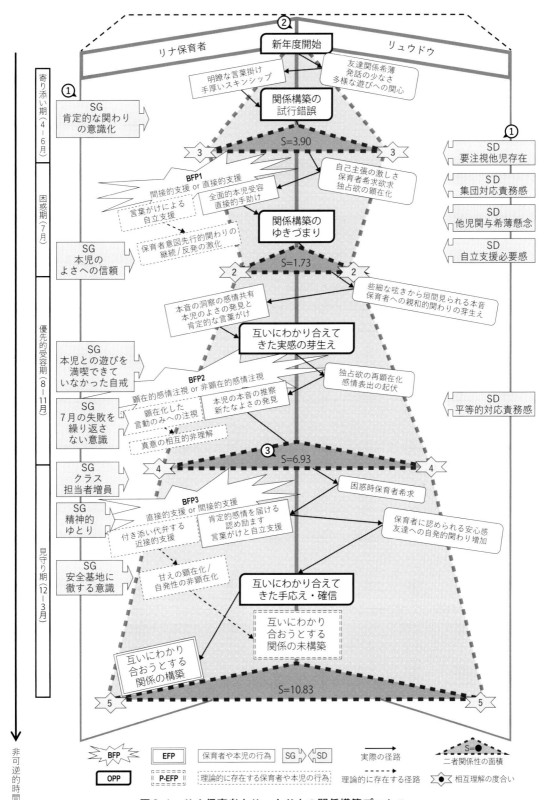

図8-1　リナ保育者とリュウドウの関係構築プロセス

同時並行的な TEM 図
── 二者の関係性を左右の幅で表現

[論文] 上村晶（2019）「年度途中のクラス担当者変更」は保育者と子どもの関係構築プロセスにどのような影響をもたらすのか ── 保育者の葛藤の諸相に着目して．保育学研究，57(3)，32-43．（図は原著の図 1 を一部改変）
[要旨]「年度途中のクラス担当者変更」が保育者と子どもの関係構築プロセスへ及ぼす影響を解明するため、二者関係を同時並行的に描く Parallel-TEM で可視化した。子どものそばにいられない罪悪感による葛藤だけでなく、新たな関係の再構築を模索後も、新担当者への遠慮などから葛藤が続いていた。
[対象] 保育経験 7 年目の保育者（および、2 歳女児）
[分野] 保育学
[EFP（等至点）] 互いにわかり合おうとする関係の構築

二者関係の同時並行的な変容を描く Parallel-TEM

保育現場における保育者と子どもの関係構築が重視される中、年度途中の転入園に伴うクラス構造の変化や保育者の離職・育休等による担当者変更など、保育者と子どもの関係は流動的な現状がある。このような現実的課題を踏まえ、「年度途中のクラス担当者変更」に遭遇したサナエ保育者と 2 歳児マイ（仮名）における関係性の変容を深掘りしたいと考え、二者の関係構築プロセスを同時並行的に描く Parallel-TEM で可視化した。

まず、前節の Parallel-3D-TEM と同様に、保育者と子どもを分断せず両者が紡ぎ出す関係性そのものを 1 つの総体として捉える視座から、Y 軸に非可逆的時間を、X 軸に保育者と子どもを同時並行的に位置づけ、X 軸の両者が左右に広がるにつれて互いにわかり合おうとする度合いが高くなるよう、二者関係性の様相を左右の振り幅で表した。また、1 本の関係性に影響を及ぼす SD/SG を両端に配置した。

一方、Parallel-3D-TEM では二者の相互理解の度合いをポイント化して面積比で表現したが、各期の感情の浮き沈みの機微を描出しきれなかった。この課題を克服するため、ライフライン・メソッドを援用しながら互いにわかり合えた実感の推移を時間軸に沿って曲線で示した。各期の細やかな実感の浮き沈みをグラフィティカルに描き、両者の曲線が織り成す平面上の面積（図中①）を互いにわかり合おうとする「関係性の広がり」として表現しながら、二者関係性をモデル化した。

担当者変更に伴う葛藤生起と 2nd EFP の出現

新年度開始の 4 月当初、2 歳児クラス担当のサナエ保育者は「互いにわかり合おうとする関係の構築」を EFP として設定し、6 月にはマイと互いに通

じ合えた実感を抱いていた。しかし、7 月から主任になり、マイのクラスを後方的に支える立場へ替わったため、保育に入りたい願望を抱きつつそばにいられない罪悪感から、躊躇した遠慮的関わりをしてしまう（BFP1）。関係疎遠の衝撃を受けて落胆・葛藤し、マイもサナエ保育者も相互迷走状態の関係に陥った様相が、線描の揺らぎや面積の縮小に表れている。その後、距離が離れたからこそマイを大切に思う気持ちを伝え続けたところ（BFP2）、互いの思いが一致した実感を抱くようになった。これを機に、担当者変更という現実を受け入れ、後方支援者として「物理的距離に左右されず心的に親密な関係構築」という 2nd EFP を新たに掲げ、志向転換を図っていた（図中②）。

しかし、2nd EFP 設定後に関係の再構築を試みるが、新たな目標を自ら再設定してもすぐに変わることは難しく、葛藤が続いていた（BFP3）。保育者に対するマイの親和的感情は広がり続ける一方、サナエ保育者は新担当者への遠慮などから戸惑い続けた様相が、左右の線描の差異に表れている（図中③）。

線描と面積で可視化する二者関係の機微や差異

このように、Parallel-TEM では両者の感情の浮き沈みや揺らぎの差異を左右の幅の広がりで描出でき、二者が織り成す関係性の推移や機微を、線描と面積でよりアクチュアルに描ける特徴を有している。また、関係構築とは二者間のやりとりのみで築かれる閉じられたものではなく、環境の変化など二者を取り巻く多様な文脈との往還を踏まえて変容していく開かれたプロセスであることを可視化できると言えよう。

〔上村 晶〕

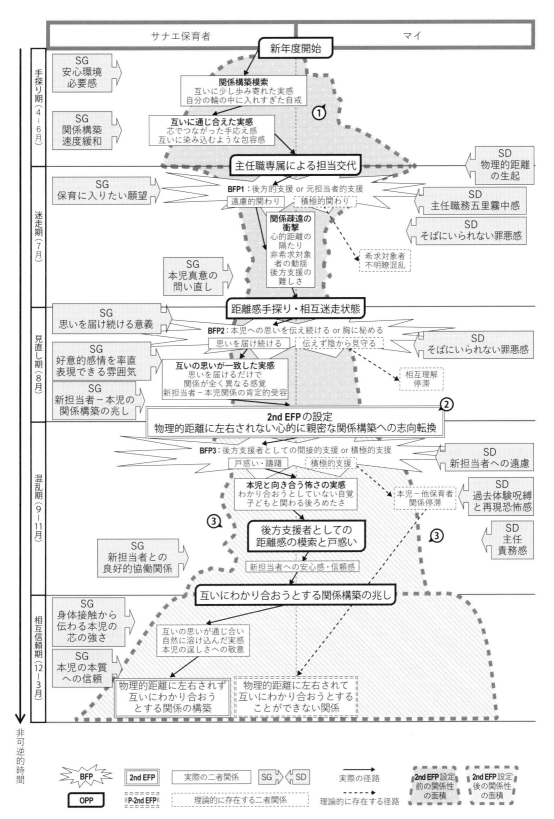

図8-2　サナエ保育者とマイの関係構築プロセス

上下に重ねた TEM 図が奏でる親子それぞれの人生の響きあい

[論文] 青野篤子（2016）男女平等意識の継承性 ── フェミニストの母から娘へ．福山大学人間文化学部紀要，16，79-90．（図は原著の図4を一部改変）

[要旨] 男女平等の生き方を実践しているフェミニストとその娘にインタビューを行い、それぞれの人生径路を TEM 図に描くことにより、娘の自立に対して促進的・抑制的に作用する要因を検討した。その結果、母親は、自身の人生の選択を通して娘に自立の意味を教えていることが示唆された。

[対象] 大学教員Ａと娘（52歳、22歳）、日本語教師Ｂと娘（55歳、22歳）、牧場経営者Ｃと娘（66歳、39歳）。母・娘は別々にインタビューを行った。本章はＢと娘の事例を取り上げる。

[分野] ジェンダー、フェミニズム

[EFP（等至点）] 日本語教師として働く（Ｂ）、自立する（Ｂの娘）

継承性を TEM 図で表す試み

　日本はさまざまな指標で男女平等の進展が遅れている。これは、男女平等意識が世代間で継承されないことが起因しているのではないかと考えられる。個別の母親と娘との間の継承性は果たしてどうであろうか。すなわち、母親は娘の自立を促す要因ともなれば抑制する要因ともなるのではないか。そこで、本研究では、男女平等の生き方をめざしてきた女性とその娘を対象に、母親の生き方が娘にどのように影響を与えているのかを、TEM により検討した。ここではＢさん親子の TEM 図を娘に焦点をあてて紹介する。

TEM 図の作成とトランスビュー

　母娘別に1時間半程度の半構造化面接を行った。母親には、仕事と家庭の比重、子育ての方針、男女平等、今後の人生設計等について、娘には、仕事と家庭の比重、母親や家族、男女平等、将来の人生設計等についてたずねた。逐語録をもとに TEM 図を作成した。娘から語られた内容をもとに、進路選択や将来設計における BFP と EFP に注目して、経験や出来事を時間軸に沿って並べた。また、母親から語られた内容をもとに、仕事と家庭の比重に焦点をあて、転換点となる出来事を娘の時間軸に沿って並べた。図中の上向き矢印は SG、下向き矢印は SD を表している。仮に作成した TEM 図を母娘別に見てもらい、意見を受けて TEM 図を完成させた。このトランスビューの作業は、協力者たちに人生を改めて振り返り、これまではあまり意識しなかった相互の影響というものに気づいてもらう機会となった。

母親から娘への影響

　母親は大学教員として留学生教育や日本語教育に熱心に携わり、パートナーの全面的協力を得て、外国留学を経て日本語教師の道に進むことになった。父親も大学教員であり、娘は教育的な家庭環境の中で育った（SG）。しかし、娘は両親の外国留学に付き添うことで、外国に対するアレルギーをも感じるようになったという（SD）。高校生の頃に犯罪被害にあって、そのトラウマから逃れたい気持ちと裏腹に心理学に興味をもつようになった（BFP1）。心理学科への進学は、父親の仕事や研究からの影響もある（SG）。母親が勧める（SD）ように自立のために家を出るか、学びたい先生がいる（SG）地元の大学院に進学するかが次の分岐点となった（BFP2）。将来は、一般就職も視野に入れつつ、絵画療法もできるカウンセラーをめざし、結婚より仕事を優先したいとのことであった（BFP3・4）。そして、娘は、家族との絆（SD）を大事にしつつも、日本語教師として働くことを決意した母親をロールモデルとして（SG）、自立の道を模索している（EFP）。

いかにして男女平等意識は継承されるのか

　Ｂさんの母娘に特徴的と思われたのは、自立的な生き方をしている母親は、娘に男女平等を直接教えたり、自分と同じような生き方を望んだりしているわけではないということである。むしろ自立は母親自身の生涯のテーマであり続け、身をもって人生の価値を教えているように思われる。前を行く母親たちは自身が葛藤を経験し人生の分岐に遭遇したときに、自分で選択をしていく姿を娘に見せることにより、娘も人生は自分で選択できることを学ぶのであろう。そして、本研究ではとらえきれなかったが、きょうだいや父親の影響も直接的に、また間接的に少なからず受けていることを強調しておきたい。

〔青野篤子〕

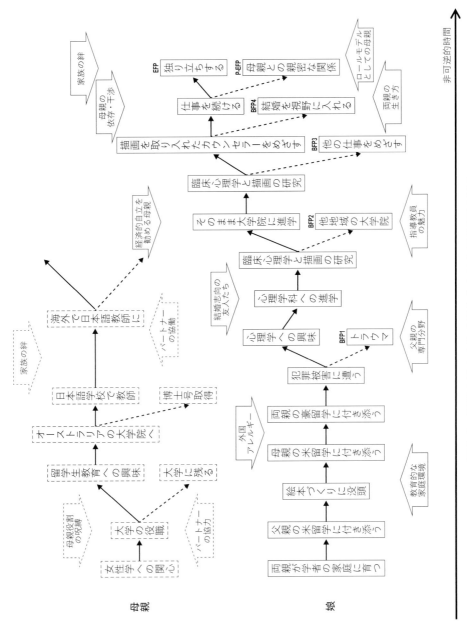

図8-3　母親と娘の人生を重ね合わせた TEM 図の試み

出来事の推移と心理的変化が併走する TEM 図
── 3 名のキャリアの発達の共通項と多様性

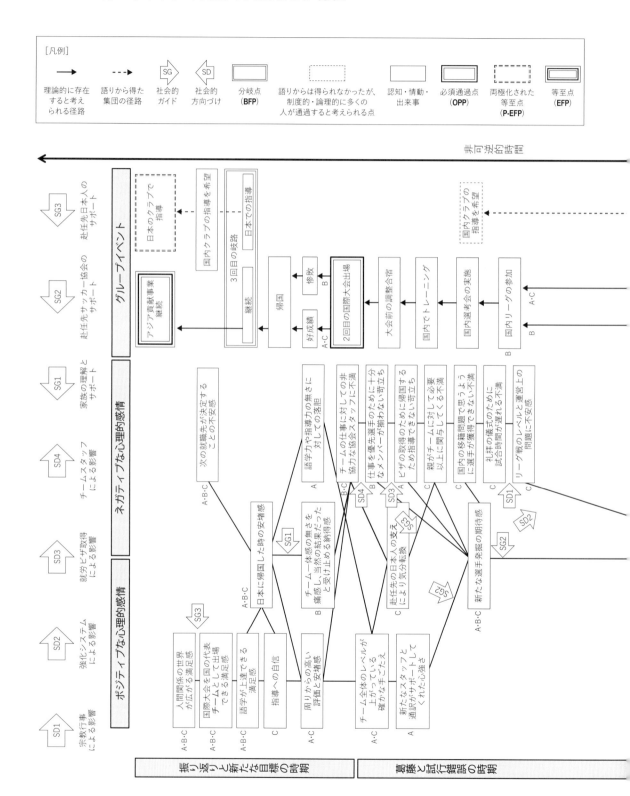

[論文] 松山博明・土屋裕睦（2015）海外派遣指導者の異文化体験とレジリエンス —— アジア貢献事業による初めて赴任したサッカー指導者の語りから．スポーツ産業学研究，*25*，231-251．（図は原著の図1を一部改変）

[要旨] 海外派遣サッカー指導者を対象にインタビュー調査を実施し、TEMを用いて指導者の体験を可視化した。その結果、グループイベントに伴う指導者の心理的変化をキャリア形成のプロセスの4段階サイクルから捉え、海外派遣サッカー指導者の心理的成長過程に関わる詳細な実態が明らかになった。

[対象] 海外派遣サッカー指導者
[分野] スポーツ科学
[EFP（等至点）] アジア貢献事業における指導の継続

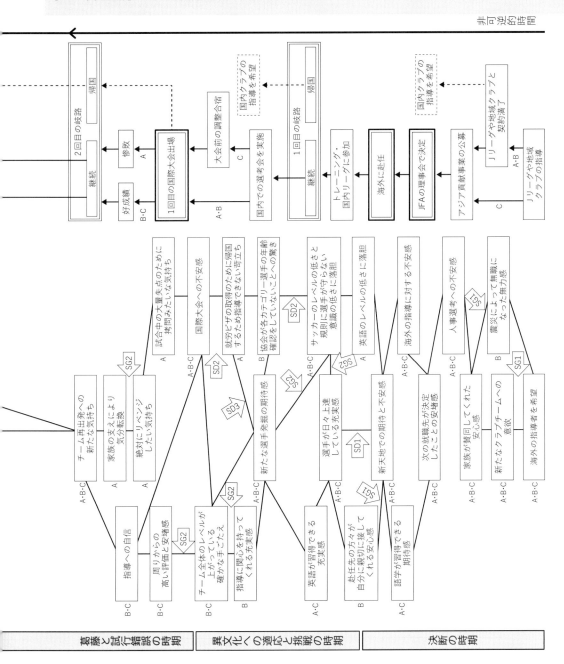

図8-4　出来事の推移と心理的変化が併走するTEM図 —— 海外派遣サッカー指導者のキャリア発達

出来事の推移と心理的変化が併走する TEM 図

スポーツ心理学領域において TEM を使用した林・土屋（2012）[1] の研究を下敷きにアジア貢献事業により海外派遣されたサッカー指導者を対象に TEM を用いた研究を着想した。

例えばサッカーの場合、海外派遣指導者は、代表チームを指揮することが多い。異国の地に赴任してから国際大会まで、時間の経過にともなって指導する状況が変化する。海外派遣指導者の非日常的で特異的な体験を捉えるためには、指導者の取り巻く社会や文化の様相、時間の概念が非常に大切だと考えられた。したがって、指導者の貴重な経験や指導実践での成果・課題を抽出し、レジリエンスの体験を取り上げる場合、インタビューや参与観察によって得られた言語データを利用して、個々の事例の生々しいありようをできるだけ損なわないで記述することができる TEM が有効であると考えられた。

TEM 図全体が縦型（下から上）に非可逆的時間

本研究における TEM 図では、下から上への縦型の次元を時間経過として表し、非可逆的時間を示す矢印（↑）を描いた。

非可逆的時間を示す矢印を下から上へ垂直に図を描いた理由として、過去が土台となり、現在、未来に対して指導者の成長をイメージして示すためである。また、非可逆的時間は、現実的な時間の長さを示していない。時間を単位化せず、ただ質的に持続しているということのみが重要だと考えた。

---

1) 林晋子・土屋裕睦（2012）オリンピアンが語る体験と望まれる心理的サポートの検討 ── 出来事に伴う心理的変化と社会が与える影響に着目して．スポーツ心理学研究，39(1)，1-14.

ポジティブ・ネガティブ感情の二極配置

心理的感情にポジティブ・ネガティブの2つの極を設け、その間で3名の調査協力者の心理的感情がどのように移り変わっているかを可視化した。

ポジティブ感情（PA）は、幸せや幸福感、ポジティブな誘意性と高い活性化（覚醒感）によって特徴づけられた情緒的な状態のことであり、高い覚醒感をともなう快感情を指す。一方、ネガティブ感情（NA）は、怒り、悲しみ、恐れなどがある。この2つの感情は、ある感情連続次元の両端にあると捉えることができる。したがって本研究においても、グループイベントに伴う指導者の PA と NA をそれぞれ独立して示すことにした。

3名のキャリアの発達の共通項と多様性

本研究では、3名の海外派遣指導者を対象にインタビュー調査を実施した。その異文化体験の内容を TEM によって可視化し、そこで示された異文化適応過程をニコルソン（Nigel Nicholson）が提唱したキャリア形成プロセスの4段階から成るキャリア・トランジション・サイクルから考察した。このサイクルはモデル化され、各段階における課題や、適応のための方策、役立つ理論などが包括されている。本研究の結果から、初めて海外に派遣されたサッカー指導者は、日本とは大きく異なるコーチング環境においてさまざまなストレスに直面することが分かった。そのストレスに対して、PA および NA を表出しながら、指導者として培ったレジリエンスを発揮し、決断の時期から新たな目標の時期に至るまで、特徴的な4段階を経て、異文化適応を果たしていることが明らかになった。〔松山博明・土屋裕睦〕

---

column 6　一組（ひとまとまり）の人びとを同時並行的に TEM で描く

第8章では、「一組（ひとまとまり）」という点に着目している。つまり、一つの事象において相互に影響しあい、関係しあっている「一組（ひとまとまり）」の人々を同時並行的に TEM で描くものである。また、それは個人と個人だけでなく、環境、場面、イベントなどとその中に生きる人々の生き方や心理的感情の動きを描くことも可能であると考えられる。上村（8章1・2節）は保育者と子どもの関係性が深まる様相を相互的かつ立体的に捉え、TEM 図の中に相互理解の度合いについて面積比を用いながら TEM 図の中で相互理解の度合いを描いている。青野（同3節）は「男女平等の意識」の継承として、母の生き方が娘にどのように影響を及ぼしているのかを母娘二人の径路を同時に描くことで考察している。松山・土屋（同4節）は3名の海外派遣サッカー指導者を対象に、その3名の心理的感情とグループイベントを相互的に可視化し、指導者としての心理的成長過程を詳細に分析している。

〔上川多恵子〕

TEA
のこれから

第9章

対談　サトウタツヤ×安田裕子
満17歳を迎えたTEA
その径路と未来展望

聞き手　上川多恵子
（2021 年 1 月 31 日オンライン収録）

はじめに ── 本対談の趣旨

上川　このたび、「満 17 歳を迎えた TEA（Trajectory Equifinality Approach：複線径路等至性アプローチ）── その径路と未来展望」というテーマで、サトウタツヤ先生、安田裕子先生に対談をしていただくことになりました。サトウ先生、安田先生。お忙しいなか、本当にありがとうございます。

　私は本書の編者の一人を務めております上川多恵子と申します。このたびの対談の聞き手をさせていただきます。どうぞよろしくお願いいたします。

　今回の対談ですが全体像としましては、「TEA はどこから来てどこへ行くのか」というテーマになっています。つまり、TEA がどのようにして生まれ、今もどのようにして発展を続けているのか、サトウ先生と安田先生に振り返っていただきながら、今後の TEA の発展に寄せる期待を語っていただけたらと思います。たとえば、ヤーン・ヴァルシナー先生との出会いについてもおうかがいしたいですし、サトウ先生、安田先生のご研究になぜ TEA という新しい手法が必要だったのか、また、TEA はなぜヤーン先生の考え方がベースになっていたのか、というような、TEA が発展し続けてきたこれまでの径路についてお話をおうかがいしたいと思います。

　また、TEA を用いた研究領域の拡がりや、日本から世界へというように、TEA に関心をもたれている方々の国や地域の拡がりもあると思います。そして理論的発展として、記号論など、さまざまな理論とのコラボレーションと言いますか、そういう研究も多くなってきていると思います。そのような点もふまえて、これからの TEA の発展可能性についても先生たちにお話をうかがえたらうれしいです。

　サトウ先生、安田先生へ 7 つの質問を用意しました（表 9-1）。番号をふってありますが、7 番の質問に対する回答は最後にしていただいて、あとは先生方の話しやすい順番で自由に話していただけたらと思っています。それでは、よろしくお願いいたします。

表9-1　サトウ先生、安田先生への7つの質問

❶ ヤーン先生の考えを知ったときの第一印象は？

❷ ヤーン先生の「発達における等至性」のダイアグラムを先生方が分析に取り入れようとしたときの心境は？

❸ TEA（HSI、TEM、TLMG）が発展し続けるなかで、特に課題となっていたことは？

❹ 表面化してきた課題にどう向き合い、分析方法としてどう洗練させていったのか？

❺ TEA を用いた研究における記号に対する考え方の重要性とは？

❻ TLMG の今後の発展に期待することは？

❼ TEA そのものの発展と TEA を用いた研究に対して、今後期待することは？

---

1 初期 TEA

——ヤーン先生の考えを知ったときの第一印象

サトウ　何だろうな？　とにかくわかりにくかったですね。

安田　どういう経緯でヤーン先生は立命館大学にいらしたのでしょうか？

サトウ　彼の名を知ったのは1997年でしょうかね。私は福島大学に所属していて、東京大学でサバティカルを取っていたんです。その際に箕浦康子先生のマイクロ・エスノグラフィの授業に出ていて、そこで彼の名前が出た気がします。

安田　そのあたりは『対人援助学マガジン』（対人援助学会）にも書かれてますね。最初に会ったのは心理学史の調査だったとか？[1]

サトウ　そうです。1998年に、アメリカのクラーク大学で出会いました。

——ヤーン先生、立命館大学招聘に向けて

サトウ　その後、私は立命館大学に異動しました。立命館大学では海外の先生を集中講義の講師としてお招きできる制度があって、2003年度の招聘枠にたまたま空きがあったんです。急遽誰かを呼べることになって、そのときにヤーンを呼ぼうと思ったのです。2002年の秋のことです。それは閃きですね。そして、彼にメールを出したらもう1週間ぐらいのやりとりで「日本に行きたい」ということだったので、商談成立（笑）。

安田　それで、2004年の1月にいらっしゃったんですね。

サトウ　決まってから、とにかくヤーン・ヴァルシナーの考えを知っておいたほうがいいだろうということで、やまだようこさん（当時・京都大学）たち

を誘って勉強をし始めたんです。このとき、誰がいたのかちょっとはっきりしないんだけど、当時の京大のやまだ門下の院生……、少なくとも保坂裕子さん（現・兵庫県立大学）はいた気がするんだよな。あと名古屋大の院を出た松嶋秀明君（現・滋賀県立大学）もいたと思います。

安田　当時のやまだゼミの皆さん＋αですね。

——ヤーン先生を事前学習するも、とにかくわかんない！

サトウ　というわけで、ヤーン・ヴァルシナーの本を読んで読書会をしましょうということになりました。

安田　何を読んだのですか？

サトウ　"*Comparative study of human cultural development*"（Valsiner, J., 2001, Infancia y Aprendizaje）とか、ネット上に転がっているヤーンの論文とか、いろいろと読もうとしていました。

安田　やまだ先生とサトウ先生がいれば、理解も進んだのでしょうね。

サトウ　ところが！　何もわからなかったんですね。すごくわからなかった、とにかく。そのわかりにくいものの代表が「culture belongs to the person」。「文化が人に属する」という考え方ですね。もうとにかくわからなかった。わからないんだから説明しようがないんだけど、とにかくわからなかったということ。安田さんはそのときいなかったっけ？

安田　私はまだそのネットワークに入っていませんね。そのときわからなかったと言っても、今はわかってるのですよね？

サトウ　今では、文化は記号を通して人に属する、というかたちで理解できています。

——来日に向けて、シンポジウムを計画する

上川　ほかに何か準備をなさっていたのでしょうか？

サトウ　本を読むのとは別に、せっかく海外から来てもらう先生がいるんだから、授業だけではもったいない、ということで、イベントを企画しました。

安田　ヤーン先生初来日ということで、いろいろな

---

1)　サトウタツヤ・安田裕子・木戸彩恵・土元哲平（2020）「対人援助学＆心理学の縦横無尽（29）ヤーンの古希を言祝ぐ —— 日本ならびに立命館大学におけるTEMとヤーンのネットワークの拡大（1）2008年まで」『対人援助学マガジン』43, 84–92. http://www.psy.ritsumei.ac.jp/~satot/diarybox/Val/VAL04/Index.html

場所で研究者との交流の機会がもたれたのですよね。同じく『対人援助学マガジン』でも紹介されています。

サトウ 立命館大学では、人間科学研究所のイベントとして多くの方に参加してもらえる文化心理学のシンポジウムをしようということになりました。ヤーンが「今日の文化心理学」というタイトルの講演を行い、その後のシンポジウムでは、ヴォルフガング・フリードルマイヤー（Wolfgang Friedlmeier：名古屋市立大学／ドイツ・コンスタンツ大学）、箕浦康子（お茶の水女子大学）、抱井尚子（青山学院大学）、やまだようこ（京都大学）の諸先生と、私・サトウタツヤ（立命館大学）がそれぞれ研究報告を行ったのです（所属はすべて当時）。

安田 そのときの報告は研究所のウェブサイトにありますね[2]。

──お小遣い研究とEquifinalityの出会い

サトウ 私は、シンポジウムで発表する題材として、お小遣いの研究を取り上げようと思ったのです。ちょうど2002～2003年頃から日中韓越4か国の研究者でお小遣い研究をやっていたんです。そこで出会った韓国の子の事例について紹介しようと思ったわけです。事例自体は、韓国の子じゃなくてもよくある話です。お母さんがお小遣いくれるようになったんだけど、子どもは管理できなかった。お母さんが怒って、もうやめるって言った。しかし、しばらくすると韓国のその女の子はまた欲しいっていうふうにお母さんに言い出して。お母さんも、条件をつけたうえで、もう一度あげてもいいかな、って思ってる。このことを取り上げて報告しようと思ったのです。呉宣児さん（現・共愛学園前橋国際大学）が通訳をしてくれました（図9-1）。

安田 母と子どものお小遣いをめぐるやりとりを、まずタイムラインで描いたものに対して、もう一工夫してみたいと思われたのですよね。

サトウ そうなんです。お小遣いをもらう→管理できない→母に怒られる→またほしくなる→母も

2) 人間科学研究所連続公開企画3「文化心理学と人間関係の諸相」立命館大学. http://www.ritsumei.ac.jp/mng/gl/koho/headline/topics/2004/01/ningenkagaku.htm

考え直してくれている、みたいなことを表現しようと思ったときに、あのわかりにくい本（Valsiner, 2001）をパラパラと見ていたら図9-2（発達における等至性）を見て、これを適用して分析したらおもしろいんじゃないかなというふうに考えたんだと思います。

安田 そのときは、できた！という感じでしたか？

サトウ それがあまり覚えてないんです。ただ、一直線のタイムラインじゃだめなんだ、という意識から、これならいける！と思ったとは思います。

安田 シンポジウムは2004年1月25日のことですね。

サトウ そうです。そして、先ほどの例を図にして提示したのです（図9-3）。

安田 これが、具体的なデータを初めてTEM

図9-1　TEMが生まれた韓国でのインタビュー（お小遣いの研究）
左端がサトウ、その右隣が呉さん。

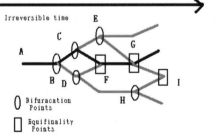

図9-2　発達における等至性
（Valsiner, J. (2001) *Comparative study of human cultural development.* Madrid: Fundacion Infancia y Aprendizaje.）

（Trajectory Equifinality Modeling：複線径路等至性モデリング）の枠組みでとらえた、いわば TEM 発祥の図ですね。

サトウ　当時は、そんなふうには思ってなくて、この話はこれでおしまいだろうと思っていました。発表が終わってヤレヤレ……。もう発表したからいいや、みたいな感じでいたんです。

──ヤーン先生から「一緒に本を書かないか」 「国際学会で発表しないか」

上川　そうなんですね……。それがどうしてこういうかたちになっていったのでしょうか？

サトウ　こちらは終わったと思っていたところが、2〜3日後に立命館大学のなかでヤーンに会ったときに、彼から「これはおもしろいから本の一章を一緒に書こう」と言われたんです。もちろん英語で。

安田　ご自身では発展させようとは思わなかったのですか？

サトウ　そんなことはまったく考えていなかったですよ。その後もさらにやりとりがあって、ちょうど同じ 2004 年に中国で国際心理学会（International Congress of Psychology：ICP）があるので、そこで発表しないかとも誘われて……。6 か月後の話です。まあ、無茶な話ですよ。でも、そんな感じで話が転がっていったのです。

安田　私も中国に行かせていただきました。思えば 2004 年 8 月の中国での国際心理学会が、私にとって初の国際学会でした。

サトウ　まとめると、Equifinality（等至性）の考え

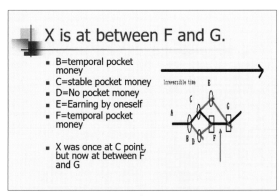

図 9-3　最初の TEM 図
（お小遣いをもらい始めた子どもの TEM）

方をお小遣い研究に適用させてみたらヤーンがおもしろがって「一緒に本を書かないか」っていうふうに言われた。それが 2004 年の 2 月ぐらいの話です。ちょうど安田さんが 1 月 31 日締め切りで修論を書いているような、そんな時期だったと思います。

上川　安田先生、ではその修論のお話を聞かせていただけますか？

──安田先生の修士論文作成

安田　はい、ありがとうございます。私は 2002 年度に大学院に入学して、2003 年度は修士論文を書く年度でした。ヤーン先生のご講演があるとチラリと耳にしたんですけれども、修士論文の提出が 2004 年の 1 月末、ヤーン先生のご講演が 1 月 25 日ということで、まったく余裕がない状態でした（笑）。ですので、私はご講演を聞いていません。

サトウ　まさに最後の追い込みの時期だ。

安田　私の修士論文がどのようなものかというと、子どもをもつことを望んだけれどもかなわなかった女性のライフストーリーをもとに、どんなふうにして子どもをもちたいというその想いに折りあいをつけていったのか、をとらえる研究を行いました。結婚して子どもを望むももつことができず不妊治療をしていた女性が、それでも希望の結果にはいたらないままに治療をやめるということがあり、その様相をとらえたいと考えました。ですので、「不妊治療をやめる」ということに焦点をあてたのですね。

上川　結局、どのような方が対象だったのでしょうか？

安田　養子縁組をされた方にお話をうかがいました。産みたかったけど産むことができず不妊治療をやめる、ということがある。しかし、産めなかったけれども育てることはできると考えて、養子縁組に意識を向けて方向転換していかれた、ということがありました。もっとも、養子縁組で子どもをもつことすらかなわなかった方もいらっしゃいました。つまり、産みたいと思い、治療をするも産めなかった、だけれども、育てることはできると考え、養子縁組を試みそれが実現し、子どもを育てている今がある。他方で、養子縁組で子どもをもつことも難しく育てることも断念した女性もいた。このような分

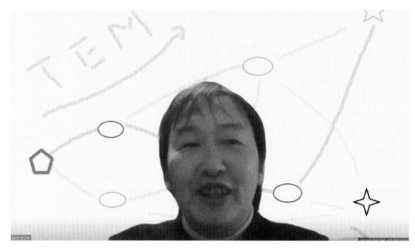

Tatsuya Sato

岐が見えてきたのですね。こうした径路をタイプ化し、事例性に着目してその経験をプロセスとして描いた、という研究を、修士論文で行いました。

──Equifinalityの概念に背中を押されて
　修士論文を改稿

上川　安田先生は講演を聴講していなかったとのことですが、どうしてヤーン先生の考えを知ったのでしょうか？

安田　先ほどお伝えしたように、ヤーン先生のシンポジウムに出席する時間的余裕がありませんでした。ただ、その後に、サトウ先生とばったり学内でお会いしたときに、ヤーン先生のお話がおもしろかったよと立ち話でうかがいました。「Equifinality っていう概念があって、安田さんの修士論文と合いそう」というようなことを言われたのですね。「そうなんだ」と思い、その後 Equifinality の概念を知りましたが、そのときに、出会った感がありましたね、すごく。キラリと光る可能性とともに未来が拓ける感じがして、胸が躍りました。

サトウ　マジで立ち話なわけね（笑）。もちろん研究会とかを通じて安田さんの研究内容を知ってたというのは前提としてあったんだけど……。そういう出会い方でしたか……。

安田　はい。その頃私は人生のふんばりどころと思っていて、サトウ先生からの薦めもあって、修士論文を学会誌に投稿したいと考えていました。その投稿の際に、Equifinality という概念を用いて、自分の研究の特長を存分に押し出そう、といった野心を

もって臨みました。投稿先に考えていた『質的心理学研究』は、そのころ年1度の投稿締め切りがあり、それが3月末でした。これはなんとしてでも3月末に投稿しなくてはならない、絶対にしよう、と心に決めました。

上川　1月末に修論を書いて、新しい概念に出会って、3月末に投稿ですか？　すごかったんですね。

安田　Equifinality の概念に出会い、背中を押されて投稿にこぎつけるというプロセスは、今でも鮮やかに身体記憶として残っています。切迫感を抱えながらも勢いがあり、ときめきもありました。自分で言うのも変ですけども（笑）。本当に感動しながら改稿に励んだという、そんなことがあります。このように、私の場合は、Equifinality の概念に出会ったのが先行しています。

サトウ　じゃあ、まだその時点では、生身のヤーンに会わないまま、やっていたのか……。

安田　あともうひとつ大切なのは、Equifinality の概念に「等至性」という訳語をあてたことですね。投稿するにあたって、どのように訳すか、とても重要なことでした。ある日、とある研究会が終わって大学の裏のカフェでみんなでお茶を飲んで親交を深め、そこから帰る道すがら、サトウ先生と、これがよいか、あれはどうかと、あれこれ考えたことをよく覚えています。

サトウ　そのときは、「等結果性」なども候補にあがっていましたね。

安田　もしかしたら、いったん投稿して、査読が返ってくるまでのところで再度検討、というタイミングであったかもしれません。そこはちょっとあやふやです（笑）。

サトウ　いつだったのか僕もあまり覚えてないけど、いろいろな候補を出して最終的に二人で決めた、というのは事実です。

安田　一生懸命考えて決めた「等至性」という訳語は、私はとても気に入っています。ちなみに、「とうしせい」と読みます（「とうじせい」と発音されているのを、たまに耳にします）。

サトウ　今では誰も何の疑問もなく使う日本語になりましたよね。

安田　本当にうれしいですね。

──2004年の国際心理学会での発表について

上川　2004年1月から3月までのお話はワクワクするような展開ですね。その後、国際心理学会はどうだったのでしょうか？

サトウ　はい。とにかくヤーンがむちゃくちゃな人で、2004年の2月の時点で、その年の8月の国際心理学会（ICP）に「シンポジウムをすでに企画してあるからそこで発表してほしい」みたいな話になったんですよね。私は、理論だけの発表より、具体的な研究を2つ含んだほうがいいだろうと思って、安田・木戸（彩恵、現・関西大学）の二人に声をかけたんだと思います。かつ、そこで年度が変わったので、立命館大学の研究助成に応募する時期になっており、応募して研究費をゲットできたんです。

安田　そうだったんですね。

サトウ　最近になって思い出しましたが、この学内研究費は重要です。このおかげで私と安田・木戸（敬称略）の中国への旅費が確保できたんです。立命館大学が研究を育ててくれたんですよ。

安田　木戸彩恵さんは、2003年度卒業で、2004年度は博士課程前期課程に入った頃で、化粧の研究をしていましたね。

サトウ　彼女は、いかにも普通の量的な卒論を書いてたんですけど、たぶん私が説得して、化粧の質的研究をやるようになりました。そして、ヤーンと相談しつつ3人で相談しながら3か月間で準備して、

Taeko Kamikawa

Yuko Yasuda

"Historically Structured Sampling and ETM" というタイトルの発表をしました。TEMではなくETM。Equifinality Trajectory Model だったわけです。

──HSSが主題だった

上川　最初の主題はHSS（Historically Structured Sampling：歴史的構造化サンプリング）だったんですね。サンプリングの話なのですね。

サトウ　ヤーンは「この話はサンプリングの話だ」と考えていました。ランダムサンプリングみたいな方法じゃない、事例を扱うためのサンプリングを考えるべきだと思っていたんです。そのように扱うためにはETM（Equifinality と Trajectory に関するモデル）を使ったほうがいいだろうと、そんなようなことを考えていたんですね。

安田　ランダムサンプリング批判と聞くとサトウ先生の考えと近い気がしますね。

サトウ　深い部分でヤーンと私は考え方が似てるんでしょうね。量的研究とかサンプリングはバカバカしいっていうことと、歴史をやらなきゃいけないということと。それだったら心理学をやめればいいのにやめないっていう、ところ。3つ目の一致が一番大きいかもしれませんね。

安田　そんなに嫌なら心理学にしがみつくことはないわけですもんね。

サトウ　まさにそうです。しがみつくどころか学部まで作っちゃってる（笑）。

──国際心理学会の準備で見えてきたこと

上川 国際心理学会の準備で、どのようなことが発展したのでしょうか？

サトウ 国際心理学会で発表するための準備で、自分たちとして理解が進んだこともあったし、新たに重要な概念ツールも作ることができました。

上川 たとえばどんなことですか？

サトウ 2つだけ取り上げると、開放システムの現象（open-systemic phenomena）っていうようなことと、必須通過点です。

安田 システミックという考え方は難しかったですよね。

サトウ 初期のうちはシステミックとシステマティックの区別がついてなかったと思います。とはいえ、開放システムだから等至性があるというようなことは根幹の考え方として、常に強調されていたわけですよね。ヤーンの訳本『新しい文化心理学の構築 ──〈心と社会〉の中の文化』（ヴァルシナー著／サトウタツヤ監訳，新曜社，2013）では、Systemic を包括体系的と訳しました。

安田 もうひとつは必須通過点です。

サトウ 必須通過点は Obligatory Passage Point の訳です。略して OPP。この OPP というのは、ブルーノ・ラトゥール（Bruno Latour）の科学社会学からもってきた概念です。これは、安田さんと木戸さんの研究において、何かをするためにはその前に必ず経験するようなことがあって、それがかなり重要だ、という認識から、それを OPP として概念化して TEM に組み込んだものです。安田さんが投稿論文を書き上げている 2004 年の 2 月から国際心理学会の準備が終わる 7 月ぐらいまでは、データ分析と概念の創出みたいなことをやっていたのだと思います。

安田 いろいろなことが同時並行的に起きていたのですね。

サトウ ヤーンのオリジナルな理論では、サンプリングを中心に BFP（Bifurcation Point：分岐点）と EFP（Equifinality Point：等至点）だけで「発達における等至性」が成り立っていたんだけれども、実際に私たちが発達的な研究をしてみると、OPP が必要だということが見えてきたんです。それがわれわれのオリジナル。オリジナルというと大げさだけれども……。でも、そこで TEM が分析ツールとしての TEM になっていったみたいなところもあります。分岐点と等至点だけだと、出来事の羅列みたいになっちゃうところがあるんだけれども、この OPP こそ、文化が人に対して力を及ぼすところだ、ということを（うまく言えないながらに）実感していましたね。

安田 OPP の概念を用いたこの頃の研究に、サトゼミ（サトウタツヤ先生のゼミナールの通称）2004 年度卒業生である髙田沙織さん（現・弁護士）の中絶経験に関する卒業論文がありますね[3]。「中絶手術の承諾書にサインをする」などを OPP と設定し、結果を示し考察しています。それに、タイトルにあるように、HSS にも焦点があてられています。また、この論文では、HSS と TEM の考え方が用いられましたが、分析自体は KJ 法に準拠して行われています。

サトウ 彼女が難しい問題に取り組もうとしていて、それなら TEM を用いてやりましょうともちかけたんだと思います。ところが、方法が確立していないから、まずは KJ 法でデータをまとめつつ構造をみて、それから TEM に移行したのだと思います。安田・木戸の二人はもちろん、当時、PD 的な立場にいた荒川 歩 君（現・武蔵野美術大学）も指導に加わっています。私を含めて誰もあまり知らないのに指導していたという……（笑）。

安田 TEM と KJ 法に準拠した方法とを組み合わせて分析する研究がこれまでにいくつか産出されていますが、そうした研究群の萌芽ともいえますね。またこの研究は、後に改稿して連名で投稿しました。それは、2008 年の『質的心理学研究』に掲載されています[4]。TEM により経験をプロセスとして詳細に描き出すことの有用性が認識された論文になりました。

---

3) 髙田沙織（2004）「験者の語りからみた人工妊娠中絶 ── HSS と TEM による多様性の記述」立命館大学文学部 2004 年卒業論文（未公刊）.

4) 安田裕子・荒川歩・髙田沙織・木戸彩恵・サトウタツヤ（2008）「未婚の若年女性の中絶経験：現実的制約と関係性の中で変化する、多様な径路に着目して」『質的心理学研究』No.7，181-203.

サトウ　こうして振り返ってみると、安田・木戸・髙田（敬称略）の研究のなかでOPPの概念が、着実に育まれていったわけですね。だけど一方で、OPPこそ文化が人に対して力を及ぼすところだということを、後に日本の学会で発表したときは、参加者にまったく通じなかったという大問題が起きましたね（笑）。

安田　2005年に慶應義塾大学で開催された日本心理学会第69回大会でのワークショップ企画のことですね。はい、通じませんでしたね（笑）。でも今思えば、TEMの歴史的分岐点ともいえる、刺激的で感動的なワークショップでした。私としては、箕浦康子先生（当時・お茶の水女子大学）と遠藤利彦先生（現・東京大学）に指定討論をお引き受けいただくことができたワークショップであったということ。そして森直久先生（札幌学院大学）が、ワークショップの質疑応答タイムで、すっと立ち上がって、「文化はどこにとらえられるか？」という問いに対して示唆的な発言をしてくださったということ。こういったことがとても印象深く記憶に残っています。

サトウ　森直久さんがわりと好意的な発言をしてくれたので声をかけて仲間になってもらったということもありました。

上川　そんな苦難もあったんですね。OPPについて、安田先生の研究で説明していただけませんか？

──TEM×ナラティブ

安田　そうですね、私の修士論文で、どのように必須通過点の概念を用いたかというお話をします。私の研究では、不妊治療に取り組んだ後に養子縁組をされた方に研究協力者になっていただいたのですが、必須通過点として、「養子縁組を意識する」ということに焦点をあてたのですね。養子縁組については、おそらく多くの日本人がそういう制度が存在していることを知っているでしょう。

サトウ　養子という制度そのものについて知らない人はいないでしょうね。

安田　知識として知っている制度ではあるものの、あるときに、自分が選び関与する制度として眼前に立ち現れるということがあり、それが彼女たちに

とっての必須の通過点であると考えました。不妊治療をしても依然として子どもを産むことができないという衝撃的な現実に直面した女性たちが、養子縁組という制度を自分が選択するものとして意識したその経験は、産めなくても子どもを育てることはできるのだという展望が拓かれることであったと、彼女たちの経験の語りから思ったのです。

上川　すごい発見ですね。

安田　子どもの福祉のための養子縁組という社会制度があり、その社会制度を、産めなかったけれども育てたいと考えた人たちが自らの人生に取り込んでいくことを可能とした「養子縁組を意識する」という経験を、必須通過点と定めました。そこには、ある種の文化もとらえられます。必須通過点の概念によって文化がとらえうると考えられていますが、とりわけ「養子縁組を意識する」というその文化性に光をあてることが、私の修士論文における必須通過点の適用の仕方であったと考えています。

サトウ　ここでいう文化性は、不妊治療や養子縁組というシステムの社会における位置づけであり、人びとによる認識のされかたなんですよね。

安田　そうです。そして、そうした社会制度を自分の人生のなかに取り込み未来を拓いていく様相が、ナラティブ（語り）に映し出されます。私の研究は「TEM×ナラティブ」であると考えています。意識するということは自分の経験世界に取り込むということなのであり、そうした様相を時間経過でとらえていくというのが、「TEM×ナラティブ」です。

──可視化がもたらすもの

上川　必須通過点の意味はほかにもあるのでしょうか？

安田　必須通過点を「養子縁組を意識する」と定めたことのもうひとつの要点は、「養子縁組を意識する」という経験を可視化したことにあります。不妊治療をしていて精神的にも身体的もつらくなることがしばしばあります。そうしたなかで、養子縁組という選択肢があるのだとハッと気がついた経験が不妊治療中にあったということが語られたのであり、その経験にあえて光をあてたことに意義があったと考えています。もっとも、不妊治療をやめた後で養

子縁組という選択肢を意識化される方もいらっしゃいました。臨床的・支援的な提言としては、不妊治療をしているときは妊娠・出産することのみ目が向けられがちですが、養子縁組という選択肢があるのだと意識化することが、少しでも視界が開ける経験となれば、ずいぶん負担が軽くなるのではないか、ということがあります。

サトウ　臨床的意義も大きいですね。

安田　ただ当の本人だけではそうした気づきを得ることは難しいかもしれないので、不妊治療中でも、病院でそうした機会があるとよいですよね。不妊治療専門の病院で、パンフレットなども含め、養子縁組のことを紹介するということが、少しずつなされてきています。このような情報提供があり、選択肢が増えることで、精神状態の安定につながったり、今後の展望がいくらかでも拓けたりすることがあるのではないかと考えています。こうした観点により、「養子縁組を意識する」経験を、必須通過点の概念により可視化しました。

サトウ　もうひとつ、日本の文化っていう側面から指摘すれば、日本の場合は養子縁組すると不妊治療やめなきゃいけなかったんだよね。

安田　当時、私が関与させていただいたところではそう言われていました。でも今は必ずしもそうではないようです。

サトウ　当時はだめだったんだけど、法律があるわけじゃないんだよね。協会のルールなんだっけ？

安田　はい。子どもの福祉を第一としたルールです。

サトウ　そういうルール、つまり、養子縁組に取り組む以上は不妊治療はやめてもらいますよ、みたいな、ルール作り。それはそれでまたすごい文化だなということで、われわれとしては文化をとらえているということだったわけだよね。そして、安田さんの研究の対象者は9組（夫妻もしくは妻のみ）だったので径路の類型化が可能になっていた。そんなようなことが初期ですね。

2　中期 TEA

——サンプリングからインバイティングへ

上川　ここまで初期の話をうかがってきました。OPP などが加わることで TEM になってきたんだということがわかりました。ほかの概念についてはどうでしょうか？

安田　HSS を HSI（Historically Structured Inviting：歴史的構造化ご招待）にしたのもひとつの大きな変化でしたよね。TEA の発展における分岐点と言えますでしょうか。

サトウ　そう。HSS の最後の S はサンプリングを表しています。山梨大学の教授で友人でもある尾見康博（敬称略）が、散々「サンプリングって言葉はやめたほうがいいんじゃないの」って言ってたけど、うるせぇなあとか思って（笑）、あんまりピンときてなかったんだけれども……。

安田　では徐々に inviting にしようということになっていったんですね。

サトウ　最初 invitation ってしてたんだけども、ヤーンに相談したら、invitation っていうのはすごくいいことに招待するものだから語感がちょっと違うとか言われて……。Invitation letter みたいな感じの invitation は違う、とか言われたりして、最終的に inviting ならよいのではないか、ということになったと思います。

——本当に必要に迫られて出てきたTLMG

安田　TLMG（Three Layers Model of Genesis：発生の三層モデル）も必要に迫られて理論化されてきましたよね。心理学での適用をはじまりとした TEA ですが、それとの関連でしょうか、自己内の変容に注目がなされ、それをいかにとらえようとするかという観点により TLMG の理論化が進んできた、ということがあります。

　どのように理論化がなされてきたか、という点では、文化心理学における記号による考え方が、やはり重要ですよね。記号をとらえることを通じて自己の内面を扱おうとしたという点で、TLMG の理論

化は、TEA におけるひとつの象徴的な転換点であると思います。サトウ先生は、内面とかはあまり好きでないとおっしゃるのですが、そのあたりはどうですか？

サトウ そうなのよ。それはまったくその通りでね。TEM は径路と力を描くってところがおもしろいわけだから、それでいいんじゃないのか、内面を描かなくもいいんじゃないかな、と今も思っています。一方で、TLMG を推進するような機会を作ったのも他ならぬ自分であるという複雑な経緯があります。

上川 といいますと？　どういうことですか？

サトウ 私たちが TEM 第一弾本と呼んでいる『TEM ではじめる質的研究 ―― 時間とプロセスを扱う研究をめざして』（サトウタツヤ編著，誠信書房，2009）のなかで松本佳久子さん（現・武庫川女子大学）に書いてもらったんだけど、それは非行少年が少年院で音楽療法をやってるという内容でした。彼女は、ヤーンが 2 度目に来日したとき、当時神戸大学にいた森岡正芳さん（現・立命館大学）をたよって神戸大学で研究会をやったときに発表した人です。その発表を聞いて、ヤーンが発生の三層モデルを提示して、これがフィットするんじゃないかというふうに言った。それを聞いていた私も当時、それはそれでおもしろいだろうと思ったので、TEM 第一弾の本の執筆者としてお誘いしたわけです。

安田 松本さんの原稿には、発生の三層モデルによる図はありましたけど、TEM 図はありませんでした。

サトウ そうなんです。その当時から松本さんは「Away 感がある」みたいなこと言ってたんだよね。「私だけ TEM じゃないじゃないですか」みたいなことを言ってたのは覚えています。

安田 そして、基本概念である等至点と分岐点による TEM の基本単位と、HSI や TLMG の理論が、まさに図 9-4 のように重なるかたちで、うまくはまった感じはしますよね。

サトウ まったくその通りですね、よく収まった感じはしますよね。分岐点に TLMG が、等至点に HSI が、ぴったりハマッたという感じです。安田さんが作ったこの図が美しいってこともありますが、理論って美しいよね、と実感します。

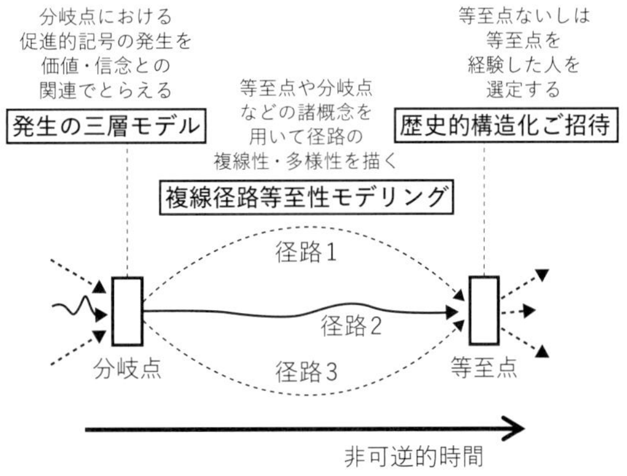

**図 9-4　TEM、TLMG、HSI の
トランザクショナルな関係図**
（安田裕子・サトウタツヤ（編著）（2012）TEM でわかる人生の径路 ―― 質的研究の新展開. 誠信書房より改変）

安田 そうですね。

――TEM を発展させてきた大きな厚いベース

上川 TLMG の研究はその後、大きな潮流になっていますよね。どのような経緯だったんでしょうか？

サトウ 私はどちらかというと径路だけを描いていればいい、つまり TLMG はあまり要らないと思っているのです（笑）。しかし、だからと言って、私がほかの人が使うことを制約することはできませんね。皆さんがやりたいようにやってほしい、これは私の価値・信念のようなものですね。カタく言うと、知識の社会的生成の問題になるわけですが……。私はオープンなかたちでやっていくのが研究だと思うのです。私個人の好き嫌いはともかくとして、使いたい人が使っていくべきだと思っています。

安田 サトウ先生のそうした考え方、学問への姿勢は大切だなって思います。自分が教員になって痛感しますけど、やっぱりいい研究をしてほしいなと思うからなのですが、いつしか、ついつい押し付けているようなことがあるのではないかと反省します。

　ある人があるテーマについて明らかにしたいと本気で研究に取り組むなかで考え出された概念を、きちんとリスペクトするという姿勢が、TEA がここまでに発展するうえでの大きく厚い基盤になっているのだと、そう思います。

サトウ そう言われると照れますね……。私個人は

「富士山が針金だったら大変だ」理論っていうのを打ち立てておりますので。3,776m、針金では絶対到達できない、裾野が広いから高くなるのであって、いろいろな人がいろいろとやってくれれば自ずとTEAの全体も高みに至ると思います。

──貫いてきたこと、大事にしていること

安田 一方で、よく尋ねられるのが分析の手続きについて、ですよね。手順化してそのとおりに分析すればよし、というようなことになると本末転倒です。ですので、決められた手順などはない、という基本的なスタンスを貫いてきました。

サトウ ホントにないんですか？と驚かれますが。

安田 もっとも、手順の骨子はあります。その際に重要になってくるのがやはり概念です。概念を用いて経験や現象を丁寧にみる、ということが大切です。概念は、虫眼鏡みたいなもので、それを用いるとよくみえてくるわけでして、概念をうまく使うことが分析においては重要です。ですので、諸概念をうまく使うという意味での手順化については、少しずつ考えてきたところではありますね。

サトウ 本当にそうですね。よく言ってますけど、TEMは質的研究において丁寧に考えるための方法として確立しつつあるわけですから、手順化して雑にやられちゃうとなんだか本末転倒なんだよね。2つ道があったら面倒くさいほうをやるのが質的研究ですからね。この論文に書いてあった手順の通りやりました、だから大丈夫ですってことにはならないと思います。

安田 そうですね。評価の基準のようなものを考えないスタンスでいた時期もありましたけど。

サトウ 評価がまったくないというわけにもいかないですしね。

安田 その点はやはりせめぎ合いますね。評価の基準をどうするか、ということの検討は、現在、認識している課題のひとつではありますね。

サトウ 同感です。でも、良い評価への道も複数あっていいのかなというふうには思いますけどね。

安田 ただ、重要そうなデータをつなげるかたちで突貫的にササッと簡単に書けてしまう、という面もあるのですよね。もっとも、（径路の骨組みとなる）線をシュルシュルシュルと描くことを皮切りに、どのように径路をとらえられるかを丁寧に考えていくことが重要です。分析に用いる概念がいくつかありますが、概念に縛られて一歩も進めないことにならないように、径路を描きながら考えを深めていくということを推奨しています。

サトウ その通り。まず描くべきです。

安田 卒業論文の提出締め切りといった制約とあいまって、卒業論文に取り組む学生が、簡単に径路を描くことにとどまってしまうことがありえますので、その点は課題であると思っています。

──図で表すことの利点

上川 ここまで、表 9-1 の質問 1 番目から 3 番目までお答えいただいてきました。次に、質問の 4 番「表面化してきた課題にどう向き合い、分析方法としてどう洗練させていったのか？」についてお願いします（表 9-1 参照）。

安田 課題には向き合い続けて今に至ります。経験や現象をプロセスとしていかに丁寧に可視化するかが重要です。それがいかに達成されているかをどのように判断するか。ひとつに、分析結果の説明力の高さ、でしょうか。読み手にとってわかるという納得感があるかどうか、です。質的研究全般に共通する観点かもしれません。

サトウ TEMで良いことがあるとしたら、図を使って自分の分析を（公開の前に）協力者の方とやりとりできることですよね。修正可能性っていうのか、共創可能性っていうのか、飽和するまでに社会を巻き込みやすいっていうのか……。そういう面は生かしてほしいと思いますね。

上川 飽和するまでに社会を巻き込みやすいというのは、どういうことですか？

サトウ ここで言う社会は、大きな社会というよりは、隣にいるゼミ生とかそういう人のことです。対象者に対して私こう思いましたって言って図を見せるときにわかりやすいじゃないですか、TEMだと。そして、対象者もそれをみて、それはその通りとかそれは違うって言いやすい。つまり、やりとりがしやすい。図で表すことの利点というのは、そういうことにもあるのかなと。

安田　それを煎じ詰めたのがトランスビューですね。

サトウ　そう。トランスビューなんかも初期にはなかった概念ですよね。長崎の佐藤紀代子（さとうきよこ）さんの研究のときにできてきたものです。彼女の研究については 2012 年に出た『TEM でわかる人生の径路 ── 質的研究の新展開』（安田裕子・サトウタツヤ編著，誠信書房）や 2015 年に出た『ワードマップ TEA 実践編 ── 複線径路等至性アプローチを活用する』（安田裕子ほか編著，新曜社）でも読むことができます。イントラ、インター、トランスっていう概念は後から僕がかぶせたわけだけど……。

安田　初期に TEM に何らかの魅力を感じた皆さんがいろいろ試行錯誤されたことが、TEM の進展において大きな力になっていきました。

サトウ　台風みたいなもんで、最初の台風は小さかったかもしれないけど、巻き込まれた人がエネルギーになって台風がでかくなっていくみたいな、そういうところがあるのかなあと思いますね。

安田　そうですね。TEA では、インタビューにより収集されたデータを分析する場合が多く、このことがトランスビューの理論化にむすびつきましたが、観察データによる研究もまたこうしたやりとりを通して、いわゆる飽和につなげることができます。

3　TEA 現在進行形

──観察データを TEA で分析

安田　時間的な変容と維持をとらえることが TEA の適用の基準ですので、観察データももちろん扱うことができます。観察データの分析に最初に取り組まれたのは、保育学を専門とする広島大学の中坪史典（なかつぼのり）先生です。保育学では、子どもを対象にした行動観察が、データ収集方法としてしばしば用いられます。サトウ先生が中坪先生に、たまたま『TEM ではじめる質的研究 ── 時間とプロセスを扱う研究をめざして』を献本されたのがきっかけですよね。

サトウ　それはもう偶然。私はギブアンドテイクだと思っているので、ギブからしないでどうするのって思ってた。第一弾の本ができたときに、日本質的心理学会で頑張ってる若い方に本を読んでもらおう

と考えて謹呈したんです。

安田　そうでしたか。中坪先生は当時『質的心理学研究』の編集監事をしていらしたのですよね？

サトウ　うん。中坪さんいわく「献本なんかは普通もらってもほったらかしちゃうけれども、この本は手に取ったらもうなんかやめられなくなって読んじゃいました」みたいな、そういうことだったらしいですね。

安田　そのおかげで、保育学の分野でも TEM 研究が多く蓄積されていますよね。

サトウ　ありがたいです。

──記号と文化と道具

安田　いろんなところでおもしろがって使ってくださっている方たちがいて、ここまで成長することができました。現在 17 歳（2021 年 1 月時点）、ですよね。その過程で明らかになってきたことですが、質問の 5 番目「TEA を用いた研究における記号に対する考え方の重要性とは？」（表 9-1 参照）について、「記号」に関する検討は重要課題ですよね。

サトウ　その通りです。心理学という学範（ディシプリン）でしつけ（ディシプリン）を受けちゃうと、記号自体が階層化していくみたいな考えを受け入れるって難しいんだよね。記号は生き物じゃないと思っちゃうからね。記号って言ったときに、記号は生き物じゃないんだから記号は動かないでしょっていう話になるんだけども。ヤーンなんかの話を聞いていると、記号はどんどん階層化していく、みたいなことを言ってたりするので。考え続けるべき課題だと思います。

安田　たとえば、私たちはお箸を食べるための道具と考えるけれども、お箸で食べ物を挟んでものを食べる、ということは、やっぱりとても文化的な理解による、文化的な営みですよね。場合によっては、細く軽い棒として、いたずらっぽく人をツンとつついたりすることもできますし、尖っていますので凶器としての力をもつこともある。

サトウ　そうなんです。2 本の棒がどういう道具なのかはそれほど固定的なものではないんです。もちろん、何をするためのものか、まったくわからない、という文化圏の人もいますよね。

安田 私たちが、この2本の棒をお箸として持ち、使うということには、まさに記号が発生している、ということができるのですよね。このように考えると、あらゆるところに記号の発生がとらえられるわけです。TEAでは、記号、とりわけ促進的記号という考え方を、TLMGの理論に取り込んで、分岐点においてどのような変容・維持が起きているのか、いかなる促進的記号が発生しているのかをとらえようとします。こうした点に、TEAのさらなるおもしろさと難しさがあると思います。

サトウ 今の箸の例は良い例です。棒2本、どんな用途でも使えるわけだよね。促進的記号が促進する行為の幅があるわけだよね（図9-5）。

安田 促進的記号が示す行為の幅というのはおもしろいですね。2本の棒を見て、それらを「箸」と認識することによって促進される行為の範囲を示すのが、促進的記号なのですよね。

サトウ ヤーンが図で示しているような幅、これが文化。そして、記号の定義は、「ある物を他の物として使う」っていうことだから、道具は記号なんです。そして記号（特に促進的記号）は文化（の幅）を表す。だから、記号＝道具＝文化ってことになるんです。記号論的文化心理学においてはね。

安田 ある物を他の物として使う、これが道具の始まりで、そこには記号が発生しており、またその幅を文化としてとらえることができる。とてもおもしろいです。文化化されていく人間の有り様を描くこと、それは、TEAを説明する際のひとつの言い方でもありますね。

──気づきが追いつく

安田 人は、生きる時間経過のなかで、文化化され

ていくということ。それは、ある道具の使い方の汎用性の幅を知っていく、というようなことなのでしょうね、おそらく。

サトウ そうそう。促進的記号っていう概念の重要なところはそこです。ヤーンの文化心理学に対する貢献というのは、記号に時間という味つけをして促進的記号という概念を作ったところにあると思うんだよね。

安田 記号のなかでも何かを促進するという、そういう記号ですね。

サトウ 記号の種類として、促進する、抑制するっていう二方向をしっかりと組み込んだのはサスガ！と思います。そして、この促進的記号は先ほどのTLMGにもしっかり組み込まれています（図9-6）。

安田 確かに「文脈的な枠＝促進的記号」と書きこまれていますね。

サトウ われわれがTEMを作る前からこういうモデルっていうのはあって、ヤーンのなかでは存在していたわけだね。ここ、つまり「文脈的な枠＝促進的記号」というところが、まさに記号のレベルなんですね。ここには幅があるので、ある種の文化の幅があるということになる。あるいは、ユーリ・ロトマン（Yuri M. Lotman）の言葉でいう記号圏（semiosphere）になるのかもしれません。

──時間経過のなかで実際に現れる「実＝現」という観点

安田 先ほどの図（図9-6）でいうと、「実現」の文字の間に結びの記号（＝）が入っていることに、感動していました。

図9-5　促進的記号とその幅

非可逆的時間

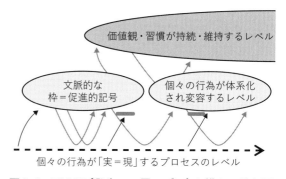

個々の行為が「実＝現」するプロセスのレベル

図9-6　TLMG（発生の三層モデル）を横から見た図

サトウ　これはドイツ語の Aktualgenese を訳すときに苦心して編み出したものです（笑）。

安田　この「実＝現」といった表記の仕方に、実際に現れつつあるという、時間が持続していくなかで何かが生じ何かになっていくということを表現する志向性がとらえられ、そのセンスがすごいなと思いましたし、「実」と「現」の間に「＝」をおいて区切って表現することで、伝わること、理解が進むことがあるように思いました。

サトウ　ところが、これをハインツ・ウェルナー（Heinz Werner）というアメリカの心理学者が microgenesis という言葉に英訳しちゃったんです。立派な学者だとは思いますけど、この訳語にはアメリカ心理学の薄っぺらな部分が残念ながらよく出ていますね。

安田　そして日本では、この英単語 microgenesis が微視発生と訳されていますよね。

サトウ　そうなんです。そして microgenesis、mesogenesis、macrogenesis みたいな程度の問題になってしまった。これじゃ何だかわからないと思って原語に立ち戻ったら Aktualgenese だったんです。ドイツ語にしてはわかりやすい単語ですよ（笑）。Aktualgenese、実際に現れるって意味だから、それを翻訳するときに「実＝現」と、こういう表現をした。安田さんに褒められたぐらいだから、当時の私も偉かったね（笑）。

安田　（笑）そうなんですよね、「実＝現」なんです。本当に、ひとつひとつのことがよく作り込まれていて、わかるほどにおもしろくなるといいましょうか。私もヤーン先生の理論については理解できていないことが多いですが、そういう思考や理論の精緻さにいたく感じ入ったり深くうなずいたりするようなことがやっぱりたくさんあります。

上川　言葉ひとつにしても、理論的な展開と合わせてさまざまな工夫がされているのですね。先ほど記号の話と一緒に TLMG の図についても少しお話がありましたが、質問の6番目「TLMG の今後の発展に期待すること」（表9-1参照）、についていかがでしょう？

サトウ　私は TLMG を発展させたい人の努力に期待しているくらいで自分の意見はあまりないです（笑）。

安田　私は、話をしてきましたように、促進的記号をどのように理解し分析していくか、ということの検討が進むことに期待を寄せています。

──研究法を超えてデマンドプルへ

上川　最後に質問の7番目ですが、「TEA そのものの発展と TEA を用いた研究に対しての期待」（表9-1参照）についてはいかがでしょうか？

安田　今までのところで期待を語ってもきましたが、最近の新たな動向としましては、経営やものづくりの分野で TEA が採り入れられてもいます。経営学系の研究者や実務家の方が、TEA に関心をもって研究に取り組まれている現状があります。なお、立命館大学に「ものづくり質的研究センター」が、2019年8月に設立されています（センター長・サトウタツヤ、副センター長・安田裕子）。

サトウ　キーワードはデマンドプルですね。サプライプッシュからデマンドプルというのが商品開発の現場の風潮かと思います。これはマツダ株式会社の方々が、商品開発に TEM を使っているので共同研究しようとおっしゃってくれたことに端を発しています。これは驚きでした。まったく予想しないようなことだったんですが、会社と大学で協定を結んで連携してきました。2021年度には、立命館大学総合心理学部でサトゼミに所属する学生が同社の商品開発スタッフに採用されたということが現実に起きています。

安田　そして、マツダ株式会社の方々の研究計画に、研究法の教育プログラム開発というのがあり、結果的に今では、総合心理学部と人間科学研究科それぞれにおいて、TEA を学んで単位を取得できるようにした経過もあります。

──TEA を使った論文の増加傾向

安田　注目したいのがこのグラフ、TEA 論文の推移です（図9-7）。TEA を使ってくださる方が本当に増えてきていることがよくわかります。

上川　本当に右肩上がりですね！

安田　TEA を使う方が増えてきています。TEA は思考枠組みのひとつでありますが、さまざまな現場

や経験世界を理解するうえで、思考枠組みをもつことはやはりデータをよくみるために重要なことですね。世界をみる視野が広がると、わかることが増えてきますし、楽しいですし、幸せになるんじゃないかなって、個人的には思っています（笑）。TEAが幸福実現に貢献できるよう発展していくといいなと思います。大きな目的です。

サトウ　そろそろ最後だろうから、今までしゃべってないことを紹介します。それは海外の皆さんがTEMを使い始めているということです。そうするとわれわれが想像もしないような研究が展開されていたりします。たとえば覚えてるのはブラジルの研究で、7人の子どものうち3人が殺されたお母さんの研究とか、そんなものもありました。やっぱりそういう現象自体に驚くけれども、そういう径路を図として描くことでよりわかりやすくなるようなことがあって。わかりやすいから驚きが起きる。TEMを使うことでさまざまな記号圏が明らかになる、そういうことがあるといいのかなあと思います。

安田　海外のTEM研究については2015年の『ワードマップTEA理論編』（新曜社）でいくつか紹介しています。『TEA理論編』で分担執筆してくださったアナ・セシリア・バストス（Ana Cecília Bastos）先生によれば、ブラジルでは特に「母性への移行」に関する研究にTEMが用いられているようです。あとは『対人援助マガジン』に掲載されたエッセイからもTEAを通じた海外の文化心理学者の方々と

のネットワークについて知ることができますね[5]。

上川　TEAを通じた海外とのネットワーク、これからの発展も楽しみですね！

安田　そうですね。それから、今回の対談で振り返ったTEM初期の研究論文に関しては、次の文献からも参照できます。私たちは「TEMの初期三部作」と呼んでいます。

TEMの初期三部作論文

安田裕子（2005）「不妊という経験を通じた自己の問い直し過程 ── 治療では子どもが授からなかった当事者の選択岐路から」『質的心理学研究』No.4，201-226.
https://doi.org/10.24525/jaqp.4.1_201

サトウタツヤ・安田裕子・木戸彩恵・髙田沙織・ヤーン・ヴァルシナー（2006）「複線径路・等至性モデル ── 人生径路の多様性を描く質的心理学の新しい方法論を目指して」『質的心理学研究』No.5，225-275.
https://doi.org/10.24525/jaqp.5.1_255

木戸彩恵（2011）「日米での日本人女子大学生の化粧行為の形成と変容 ── 文化の影響の視点から」『質的心理学研究』No.10，79-96.
https://doi.org/10.24525/jaqp.10.1_79

上川　サトウ先生、安田先生、ありがとうございます。普段聞けないお話もたくさん聞くことができて、ゼミ生の私としてもすごく楽しかったです。文献もご紹介くださり、ありがとうございます。また、多くの先生方や先輩方がともにTEAを発展させてきたように、TEAを用いて研究をしている一人として私も頑張っていきたいと思いました。貴重なお話を本当にありがとうございました。

安田　ありがとうございました。

サトウ　ありがとうございました。

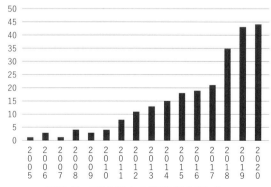

図9-7　TEA論文の推移（2005–　）
※主にGoogle Scholar検索による。

5）サトウタツヤ・木戸彩恵・土元哲平・安田裕子（2021）「対人援助学＆心理学の縦横無尽（30）ヤーンの古希を言祝ぐ ── 日本ならびに立命館大学におけるTEMとヤーンのネットワークの拡大（2）2009年から」『対人援助学マガジン』45，85–99．https://www.humanservices.jp/wp/wp-content/uploads/magazine/vol45/16.pdf

第10章

採録 オンライン講習会
TEA基礎編
TEMを理解する

講師　安田裕子

　本章は、2021 年 1 月 31 日（日）12 時 30 分〜 14 時 30 分に実施された第 4 回 TEA 国際集会における講習会／ワークショップ「TEA（複線径路等至性アプローチ）の技法、トランスビューを体験しよう」の講演を、本書用に改稿したものである。本講習会／ワークショップは、TEM の基礎に関する講義、ならびに TEM の分析概念の使い方を体得するペアワークにより実施した。本章にてまとめたのは、TEM の基礎に関する講義の部分であり、次のように構成している。

目　次

1　TEMの特徴 ── 変容と維持を二次元でとらえるということ

　TEM（Trajectory Equifinality Modeling：複線径路等至性モデリング）とは、どのような方法でしょうか。TEM は、プロセスをとらえる研究に広く適用することができます。言い換えれば、時間の概念は重要であり、決して抜きにはできません。TEM の時間概念は非可逆的なものであり、非可逆的時間（Irreversible Time）といいます。矢印を引くことで、決して戻ることのない時間の持続を明示します。

　「複線径路等至性モデリング」という名称は、「複線径路等至性モデル」から変更したものですが、非可逆的時間における変容と維持をとらえ、意味を含むプロセスを可視化するという、分析自体の動的な有り様を、「モデリング」という現在進行形による表現に含意しています。

　TEM では、二次元で描くことをその重要な特徴とします。二次元のうちのひとつの次元は、この非可逆的な時間軸です。図 10-1 の TEM 図の概念図をご覧ください。図 10-1 では横軸に時間をおいています。そして、時間を横軸にした場合、もうひとつの次元は縦軸になります。

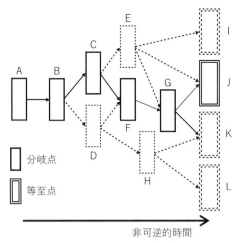

図10-1　TEM図の概念図

右側に、I、J、K、Lが縦に並んでいますね。このIからLまでの幅によって縦軸が決まります。Jが二重線の四角で、その他のIとKとLは点線の二重の四角で記されています。このように描くことで、実際に経験したのはJだけれども、同時に、IやKやLを経験する可能性もあった、ということを示しています。つまり、IやJやKやLといった可能性や選択肢があるなかで、人が、そのうちのひとつを選んだりそこに至ったりする、ということが表現されているのです。この場合のIからLまでの幅によって縦軸が示されます。

TEMでは、人間の発達や人生の径路の多様性・複線性、可能性・潜在性をとらえ描くことを、その特徴のひとつとします。もっとも、多様性・複線性、可能性・潜在性は、制約とともにあります。個々人が所属する集団や（地域）社会のルール、あるいは文化的な規範などがあり、そうした制約や文脈とともにある径路がいかに非可逆的な時間経過のなかで実現されているのかをプロセスとして可視化していきます。その際のある到達点 ── これを等至点といいます ── が実現されうる範囲、つまり縦軸を最初に明確にしておくことが重要である、ということです。まとめると、非可逆的な時間軸をひとつの次元とし ── 必ずしも横軸でなくてよく、非可逆的時間を縦軸に設定した研究例もあります ── 、そして等至点の幅、すなわち展望や目標・目的の範囲・領域をもうひとつの次元にし、これらにより二次元を設定して、当該研究テーマについて

その径路の変容・維持の様相をプロセスとして可視化するのが、TEMという質的研究法の特徴であるということができます。

2　文化心理学に依拠するTEM ── 基盤となる等至性（Equifinality）の概念

図10-1には分岐点（Bifurcation Point：BFP）や等至点（Equifinality Point：EFP）が描かれています。詳しくは後述しますが、いずれもTEMの基本概念です。分岐点は、径路が分かれる場合の、その分岐したところに焦点をあててとらえるものです。つまり、分岐点があるということはそこから分かれる複数の径路が存在する、ということです。実現しなかったけれどもありえた分岐点や径路の存在も想定されます。TEMでは、そうした可能性や潜在性を点線で可視化することを含めて径路（trajectories）の複線性・多様性をとらえていきます。複数の径路の先には等至点が示されます。分岐点があれば等至点があると考えられるわけです。等至点があれば分岐点がある、ともいえるでしょう。図10-1でJとして記されているのが等至点ですね。等至点は等至性（equifinality）の概念に由来します。Equifinalityとは、等しく（Equi）至る（final）ことであり（安田, 2005）、サトウタツヤ先生と検討し等至性と訳しました。ヤーン・ヴァルシナー（Jaan Valsiner）先生がEquifinalityの概念を発達や文化に関する心理学的研究に取り込もうとした（Valsiner, 2001）のを受け、理論と方法論の検討を進めてきました。人の生は、時間と社会的・文化的な場に埋め込まれているということができます。すなわち、開放システムです。こうしたなかである状況に等しく至る様相がとらえられると考えられ、これが等至性の意味です。TEMが文化心理学に依拠していることも肝要です。みえにくくなっている文化をあぶりだしたり、文化心理学の考え方を支える「記号（sign）」の促進的な影響をとらえたりすることも、探究の方向性としておもしろいでしょう。記号については後で触れます。

3 TEMの最小単位と基本概念 ──
等至点、分岐点、複線径路、非可逆的時間

図 10-2 をご覧ください。図 10-2 は TEM の最小単位を示したものです。右に等至点がありますね。等至点、すなわち等しく至るポイントがある、ということは、そこに至る径路が複線になっているということを意味します。径路が複線するということは、そのもとに径路が分岐するポイント、つまり分岐点があるということです。そして、非可逆的時間が矢印で示されています。等至点、分岐点、（複数）径路、非可逆的時間、これらの概念によって TEM の最小単位がとらえられます。

基本概念の説明をしていきます。等至点は、先ほど述べたように、等至性の概念と関係します。等至点は、等至性の概念が具現化されたある選択や行動や認識などとして焦点化します。研究目的にもとづき最初に等至点を設定します。どういった現象や経験のプロセスを明らかにしたいかを定め、たとえば、留学する意思決定プロセスをとらえたい場合は、等至点を「留学する」と設定します。そして、留学した経験のある人びとにインタビューをし、留学するに至った径路を描いていくのです。インタビューでうかがった当人の経験を丁寧にとらえれば、「留学をする」ということの当人にとっての実質的な意味が明確になるかもしれません。たとえば、「自分の可能性を試す」ことなのかもしれませんし、あるいは、「住み慣れた環境のしがらみから距離をおく」という経験なのかもしれません。このように、「留学する」というラベルでは表現しきれていなかった経験の意味が浮き彫りになれば、等至点をどのように表現すると適切であるかを再検討することができます。当人の経験の語りにもとづいて分析を進めたからこその、等至点の修正ですね。

等至点があれば分岐点がある、ということをお伝えしました。複数の径路が収束する等至点の存在は同時に、その複数の径路を分かつ点、すなわち分岐点の存在を明らかにします。分岐点は、そこから径路が分かれていくのですから、変容や発生がとらえられるとともに、複数の選択肢（選択径路）の存在を含意してもいます。大学に進学するかしないか、

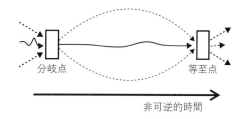

図10-2　TEMの最小単位

といった制度に即したわかりやすい分岐点がある一方で、必ずしも可視的ではない分岐点もあるでしょう。いずれにせよ、径路が分岐している状況においてなんらかの力が影響を及ぼしている可能性がある、と考えます。TEM ではこうした力を、社会的方向づけ（Social Direction：SD）、ならびに社会的助勢（Social Guidance：SG）として概念化しています。後に説明します。なお、分岐点は、そこに変容や発生がとらえられることから、当該研究テーマのプロセスについて時期を区分するもの（画期点）として活用することができます。

プロセスをとらえることを特徴とする TEM では、時間の持続を表す非可逆的時間の概念が重要であることを最初に述べました。決して戻ることのない時間経過のなかで、変わっていないようにみえることが実のところいかに変容しているのか、あるいはいかに維持されているのか、ということをとらえていきます。その際、当人が経験する時間を大切にして分析します。一定の間隔で時を刻むような、時計に代表されるクロノス時間ではありません。そうした外在的・客観的な時間ではなく、当人にとっての内在的・主観的な時間であるカイロス時間を大切にします。たとえば、小学校には学期がありますね。学期の区切りによって教育カリキュラムが組まれているわけですが、他方で、そうした区分に必ずしも適応しきらない個別多様な経験があります。もっとも、個々人の主観的な時間が客観的な時間と（ほぼ）一致していることも多くあるでしょう。ですが、個々人に経験される主観的な時間の、客観的な時間との一致の程度は分析の終盤で確認すればよく、まずは当人に経験される主観的な時間を大切にしてとらえていきます。そうした当人の生きられた時間とともにある、実現した径路を実線で、そして、実際には歩まなかったが存在していたであろう径路

を点線で、可視化していきます。

4 その他の基本概念（1）── 社会的方向づけと社会的助勢、必須通過点

　TEM の最小単位を構成する概念以外にも、いくつか基本概念があります。続けて説明していきましょう。まず、先ほど触れた、社会的方向づけと社会的助勢についてです。社会的方向づけは、個人の選択や行動や認識などに制約的な影響を及ぼす諸力を象徴的に表した概念であり、等至点に向かうことを阻害する諸力の総称です。選択や行動や認識が制約を受けている様相の発見とともに、社会的方向づけがとらえられるかもしれません。また、社会的方向づけの存在がとらえられれば、否応なく経験するというようなある種の必須ともいえる結節点がみえてくることがあり、それを必須通過点と概念化しています。必須通過点についてはおって説明します。そして、社会的助勢は、等至点へ向かうことを促進したり助けたりする諸力の総称です。社会的・文化的に影響を及ぼす諸力として概念化された社会的方向づけや社会的助勢がとらえられれば、これらの力のせめぎあいにより生じる分岐点がみえてくることもあります。

　図 10-3 は分岐点に焦点をあてて描いたものです。社会的方向づけと社会的助勢がせめぎあう様相とともに分岐点がとらえられています。

　制度上の制約や他者による妨害などは社会的方向づけとして、支援体制や他者からの助言・手助けな

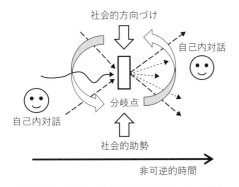

図10-3　分岐点における社会的方向づけ・社会的助勢と自己内対話

どは社会的助勢として、また一方で、分岐点では自己内対話がとらえられることもあります。私たちは、自分自身あるいは内なる他者と対話をしながら何かを決めていく、ということがあるのではないでしょうか。こうした、自己内対話の様相について、ヒューバード・ハーマンス（Hubert Hermans）の「対話的自己論（Dialogical Self Theory：DST）」を組み入れて、分岐点の分析を行う方向性もありえます。あわせて、社会的方向づけや社会的助勢と自己内対話の関連に踏み込んで考察してもおもしろいでしょう。なお、社会的方向づけや社会的助勢の概念に「社会」ということばが用いられていることから、これらの概念は社会的なことにのみ適用するものですか、という質問を受けることがあります。それに対しては、社会的なことに限らない、というのが答えとなります。たとえば、モチベーションといった内的なこともこれらの概念でとらえることができます。そもそもモチベーションもまた、他者や社会の影響を受けた産物であるともいえます。ただし、外的なことと内的なこととを切り分けて考えるほうが、理論的な整合性がとれる面があるともいえ、このあたりの整理は今後の検討課題です。

　次に、必須通過点（Obligatory Passage Point：OPP）の概念について説明します。必須通過点とは、ある状況においてほとんどの人びとが必ず経験するようなことをとらえる概念です。私たちの選択や行動や認識などは、それなりに自由度があるといえますが、ある状況下ではどうしても経験せざるをえないようなことがあり、そうしたことを必須通過点として焦点化します。必須通過点をとらえることで、みえにくくなっている文化をあぶりだすことにつながることがあるのもおもしろい点です。

　必須通過点については、制度的必須通過点、慣習的必須通過点、結果的必須通過点の 3 つのタイプを理解するとよいでしょう。制度的必須通過点としては、法律、規則、条例などの影響を受けた選択や行動や認識などを焦点化します。たとえば、一緒に住んでいるカップルが結婚するためには婚姻届を出す必要があります。この場合の「婚姻届を提出する」ことが、制度的必須通過点となります。慣習的通過点については、たとえば、七五三といったイベント、あるいはその際に化粧をする（させられる）こ

とがあげられます。日本では通常、子どもが親の化粧品を勝手に使って遊んでいると、叱られることはあっても褒められることはあまりないでしょう。ところが、七五三では女の子は化粧をさせられて、かわいらしいねと褒めそやされるわけです。そして、結果的必須通過点は、等至点として設定した経験に影響を及ぼしたと結果的に意味づけられるようなことです。たとえば、罹災して避難するようなことがあり、「あのとき恩師の助言があったからこそ住み慣れた故郷を離れることができ、だからこそ今がある」などと意味づけられた場合の「恩師の助言を受け入れる」ことは、結果的必須通過点として焦点をあてることができるでしょう。こうしたことを念頭におきつつ必須通過点として焦点化されうるデータをとらえようとすると、わかりやすいかもしれません。もっとも、必須通過点がすべて、これら3つのタイプのいずれかにあてはまるというわけではありません。複数事例のデータを分析する際に共通性としてとらえられるようなこともまた、必須通過点として焦点化することもあります。そして、必須通過点の「必須」については、全員というふうに考えなくてよいことを、いまいちど確認しておきたいと思います。おおよその人びとがあてはまるという意味あいで、必須通過点の概念を理解してよいです。どんなことでも抜け道がないとはいえず、必須であるはずのことを経験しない、ということから逆に、当該文化の特徴を照らし出すことができるかもしれません。そして、必須通過点もまた、必須であるということによりなんらかの転換点となりえると考えられ、よって、そのプロセスの時期を区分するものとして生かすことができます。

5　その他の基本概念（2）── 両極化した等至点、目的の領域とセカンド等至点

両極化した等至点（Polarized-Equifinality Point：P-EFP）も重要な概念です。両極化した等至点により、設定した等至点とは価値的に背反する、あるいは等至点の補集合となるような選択や行動や認識などに焦点をあてます。たとえば「留学する」という等至点に対して、「留学しない」を両極化した等至

点として設定することができるでしょう。TEMでは二次元でプロセスをとらえていくことを特徴のひとつとすると、すでにお話しましたが、等至点とともに両極化した等至点を設定することで、その幅により、もうひとつの次元である縦軸が決まるわけです。等至点として焦点化したことと両極化した等至点として焦点化したことの幅によってとらえられる軸と、非可逆的時間の軸の、二次元によって、複線性・多様性、可能性・潜在性を描いていく、ということでした。図10-4は、両極化した等至点を、社会的方向づけと社会的助勢がせめぎあう様相とともに表現したものです。等至点に向かうことを阻害する社会的方向づけの影響が強いことにかかわって、両極化した等至点が実径路化する有り様が描かれています。なお、分析するなかで、等至点をどのように表現するか、そのラベルが変わりうる、ということを先にお話しましたが、等至点を修正することで両極化した等至点の表現の仕方も変わってくることがあります。また、両極化した等至点が実質的にどういったことなのか、つまり等至点の補集合的な事象がどういったことであるか、そのラベルを検討するなかで、いったん設定した等至点をより適切な表現に修正することもあります。

等至点と両極化した等至点でとらえられる幅は、目的の領域（Zone of Finality：ZOF）という概念で表現されることがあります。目標の領域と呼ばれることもあります。この概念は、セカンド等至点（Second-Equifinality Point：2nd EFP）の概念とも関連します。私たちのライフ（生命、生活、人生）は等至点で終わるわけではありません。それは、非可逆的時間の概念が明らかにすることでもあります。

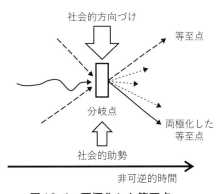

図10-4　両極化した等至点

等至点として焦点化されたこと以降もやはり、持続する非可逆的時間のなかで実現していくライフがあります。このように、人のライフは時間とともにあり、とりわけインタビューを複数回実施するなかで、当人の持続するライフからつながる未来展望がとらえられることもあります。こうした、研究者が研究目的に即して設定した等至点以降にとらえられる当人にとっての等至点を、セカンド等至点といいます。セカンド等至点をとらえようとすることを通じて、当人目線でのリアルなライフがより色濃くみえてきたりもします。なお、セカンド等至点とあわせて、両極化したセカンド等至点を設定できるとよいでしょう。また、セカンド等至点をとらえることと、等至点の表現の仕方を修正することとは異なることですので、その点ご留意ください。

以上が、基本概念となります。これらの概念を用いて、経験や現象をプロセスとして分析し可視化していくのがTEMの技法です。他にも概念がいくつかありますが、ここで説明した概念を理解することでTEMによる分析が可能になります。

6 TEA
── TEMとHSIとTLMGによる構成

ここで、TEMとTEA（Trajectory Equifinality Approach：複線径路等至性アプローチ）の関係を明らかにしておきましょう。TEAは、TEM、HSI（Historically Structured Inviting：歴史的構造化ご招待）、ならびにTLMG（Three Layers Model of Genesis：発生の三層モデル）の3つの理論によって構成されています（図10-5）。

TEMの最小単位（図10-2）との関連で、TEAについて説明します。図10-5をご覧ください。これまで説明してきましたように、社会的・文化的な影響を受けて実現する人間発達や人生径路の、複線性や多様性、潜在性・可能性を非可逆的な時間経過とともにとらえるTEMは、TEAの中心をなしています。そしてHSIは、歴史的構造化ご招待といって、対象（者）を選定する理論です。またTLMGは発生の三層モデルといい、自己の変容と維持を3つの層によりとらえる理論です。HSIは等至点と、TLMGは分岐点と関連することが、図10-5からみてとることができるでしょう。

まず、HSIについて説明します。HSIは研究対象者を選定する理論です。図10-6の右側をご覧くだ

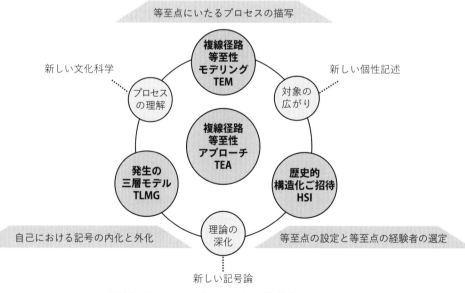

図10-5　TEM、HSI、TLMGの総体としてのTEA

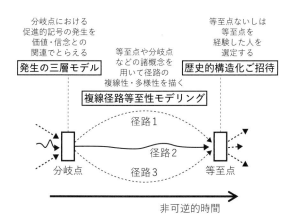

図10-6　TEMの最小単位からみた、基本概念とTEAとの関連
（安田・サトウ, 2012 より改変）

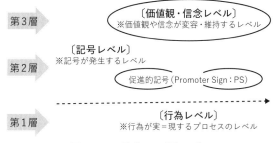

図10-7　発生の三層モデル

さい。HSI の理論が等至点と関連していることが示されています。歴史的に構造化されたポイント、すなわち、非可逆的な時間経過と社会的・文化的な諸力により浮き彫りとなる等至点を、研究目的に即して設定し、等至点として焦点をあてた経験をした人を対象者として選定するのが HSI です。具体的には、たとえば、留学する意思決定プロセスをとらえようとする研究目的のもと、「留学する」を等至点とし、「留学を経験したことのある人びと」を対象とする、ということです。あくまでも研究者側の研究目的にのっとって等至点を設定し対象者を選び、その経験の語りを聴かせていただくわけです。「ご招待」という表現には、研究者側の関心によって実施する研究に、対象となる方に協力いただいているのだという自戒と、対象者への敬意や配慮の意味が込められています。当初は、歴史的構造化サンプリング（Historically Structured Sampling：HSS）という名称でしたが、母集団を明らかにすることを目指す性質の研究ではなく、ましてや、人の生を「サンプル」ととらえる意図はない、という意思表明を含め、「サンプリング」を「ご招待」と改めました。以降、サンプリングという言い方はしていません。

　図10-6 の左側には、分岐点が TLMG と関連していることが示されています。分岐点における自己の変容と維持の様相を、3 つの層によってとらえる理論が TLMG です。TLMG の概要を説明します。図10-7 をご覧ください。最下層の第 1 層では、選択や行動や認識などをとらえます。つまり、TEM で

可視化するようなプロセスがこの層に描かれます。第 1 層でプロセスとして描く選択や行動や認識などを、第 3 層の価値観・信念との関連でとらえるのですが、その際に、第 2 層でどのような促進的記号（Promoter Sign：PS）が発生しているかをあわせて検討し可視化するのが、TLMG の骨子です。記号を用いて分析するやり方は文化心理学に依っています。このように、選択や行動や認識など（第 1 層）を価値観・信念（第 3 層）との関係でとらえつつ、それらの媒介となる促進的記号（第 2 層）を描くことで、自己の変容・維持を可視化しようとするのが TLMG です。促進的記号（第 2 層）の描出は難しくもおもしろい挑戦であり、さまざまな研究テーマにおいて、TLMG による分析に果敢に取り組まれています。

　以上が、TEM と TEA の関連性の説明になります。あわせて、TEA を構成する HSI ならびに TLMG の理論について概説しました。

7　TEM による分析 ── 手順の概要

　次に、TEM による分析の手順の概要をお伝えします。

　①まず、研究目的にもとづいて等至点を設定します。あわせて、両極化した等至点を設定します。最初は、「する」－「しない」で設定して問題ありません。たとえば、等至点を「留学する」とした場合、両極化した等至点を「留学しない」と設定するのです。この時点で縦軸が決まります。もっとも、等至点や両極化した等至点として設定したもののラベルに、データにもとづき分析をするなかで修正を加えていくことは、先に述べた通りです。そして、この

縦軸に対して横軸に、非可逆的時間を示す矢印（→）を引きます。なお、起点を定めることも重要です。等至点に照らしてどのようなことを起点とするとよいかを検討します。

②次に、非可逆的時間による横軸と等至点と両極化した等至点により設定した縦軸の2軸を明記した紙面上に、縦軸の幅を生かして、等至点に至る径路をとらえていきます。まずは、等至点に近い経験なのか、あるいは両極化した等至点に近い経験なのかを考えながら、気軽に波線で描いていくとよいでしょう（図10-8）。これは、ライフラインメソッドを援用したやり方です。この方法を、インタビューを行う際に用いてもよいでしょう。つまり、研究協力者にライフラインを描いてもらったうえで、あるいは描いてもらいながら、経験の語りを聴くのです。この方法により、研究協力者が気軽にインタビューに臨むことができる、手を使って目で見えるかたちで人生曲線を描くことで自らの経験を思い出したり話がしやすくなる、といった効用があります。

③そのうえで、径路における転換点、すなわち、分岐点や必須通過点を検討していきます。ライフライン上の変曲点である山や谷で何が起こっているのかを、紙面に描いたライフラインを研究協力者共有しながら尋ねていくとよいでしょう。

④さらに、分岐点や必須通過点になんらかの力がかかっていたか、かかっていた場合はどのような力であったかを、社会的方向づけや社会的助勢の概念を用いて焦点をあてるべく検討していきます。③と④は同時に行ってもよいでしょう。

以上が、分析の手順です。このように記すと、とても簡単に分析ができてしまうように思われるかもしれませんが、この手順は概要を示したものである

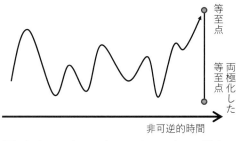

図10-8　二次元によるライフラインの描出

ことに留意してください。実際には、データを意味のまとまりごとに切片化する作業を行ったうえで、選択や行動や認識などを時系列に置きつつ、似かよったデータの切片をまとめあげていくといった作業を地道に行っていきます。

8　1・4・9の法則 ── 研究協力者の数によってとらえられること

TEMによる分析では、研究協力者、ないしは事例の数によって、とらえられることの特徴が異なります。これを「1・4・9の法則」といい、1名（事例）、4名（事例）、9名（事例）ごとの特徴を明らかにしています。1名ないしは1事例ですと、社会的・文化的背景とともにある個別性を詳細にとらえることができます。4名ないしは4事例ぐらいですと、多様性とともに共通性をとらえることができます。なお、4±1という幅を想定していますので、3〜5名（事例）を分析対象とすることになります。そして9名ないしは9事例ぐらいを対象に分析すれば、径路の類型化が可能となるという特徴があります。あくまで「径路の」類型化であることが要点となります。やはり、9±2と幅をもたせていますので、7〜11名（事例）が分析対象となります。何名（事例）を対象とするかを決定するにあたっては、まず、どういったことをとらえたいかを明確にする必要があるでしょう。

9　トランスビュー ── TEM図の真正性

何名（事例）を対象とするかを決定するうえで、もうひとつ重要な観点があります。それは、各研究協力者に3回インタビューすることを前提としたときに、何名を対象にすることができるか、ということです。それは、TEMでは、インタビューを3回することを通じて分析し可視化したTEM図の真正性を高めていくことが推奨されているからです。これをトランスビューといいます。

1回目のインタビューにおいて、とりわけインタ

ビュアーとインタビュイーが初対面同士で、話を十分に聴くこと／語ることができるかというと、必ずしもそうではないでしょう。ご自身がインタビューを受けた場合に、初対面の人にどこまで話をすることができるかを考えてみると想像しやすいかもしれません。もちろん、インタビュアーのインタビューの力量や研究テーマとなっている内容の特性、インタビューを受けるに至った経緯などにもよるでしょう。しかし、程度の差こそあれ、1回目のインタビューでは語らずにいたこと、語り忘れたこと、語りえなかったことなどがあってもおかしくはないでしょう。もっとも、繰り返しインタビューを行ったところで、語られないことがあること ―― 聴きすぎることの暴力性／語らないことによる安全性の確保の観点から、語られないままでよしとすることも含みます ―― への留意は必要でしょう。そのうえで、1回目よりも2回目、2回目より3回目とインタビューを重ねることにより、インタビュアーとインタビュイーとの関係性形成の観点、そして、聴き忘れたこと／語り忘れたこと、掘り下げきれなかったこと／語りきれなかったことなどへの気づきが生じるという点において、よりよいインタビュー実践につながると考えられます。こうしたことは、TEMによる分析に限らずとも、インタビュー研究を行ううえで認識しておくとよいことでしょう。加えてTEMを分析手法に用いた研究では、分析し可視化したTEM図を2回目以降のインタビューで、インタビュイーに共有し確認していただくことにより、TEM図の分析がより真正性の高いものとなっていく、という効用が期待できます。そして、2回目のインタビューで明らかになったことをもとにTEM図を整え、それを3回目のインタビューでインタビュイーに再度確認していただく、ということができるとなおよいでしょう。こうしたことから、3回のインタビュー、すなわちトランスビュー（viewの融合）が推奨されているわけです。トランスビューに関する安田（2018）の解説を以下に引用しておきます。

複線径路等至性モデリング（Trajectory Equifinality Modeling：TEM）では、非可逆的な時間に即して分析者が描出した径路図（TEM図）を、経験の当事者（語り手）に見てもらい対話することを推奨している。経験の当事者／語り手と分析者／聞き手とが、いま・ここで、TEM図を介して過去－現在－未来を行き来しながら視点（view）を融合（trans）させ、とらえられた径路の真正性を精査する行為である。二者間での語り－聞くという相互行為（inter-view：インター・ビュー）によりつむぎだされた経験を、語りに即し分析者の視点でとらえ描いたTEM図に、当事者の視点をさらに重ねあわせるかたちで、対話を進める。このことにより、分析者は分析の確かさを認識するとともに必要に応じて修正し、また当事者は、自らの経験への新たな気づきや意味づけを生じさせる。観察データのTEM分析に適用されてもよい。臨床実践では、カウンセラーの対象者理解の促進やクライエントの経験の語り直しに活用されている。
（安田，2018）

解説の最後のところに記されている臨床実践での活用例に関心のあるかたは、松本（2017）の論考をご覧になってください。

TEAはプロセスを扱う研究に、学問領域を超えて広く活用されながら、理論的・方法論的に発展してきました。時間とシステムの視点を基盤に、人の経験や現象を丁寧にとらえ、問題の解決や支援の検討に生かすことができ、ひいては、人の、社会の、世界の幸福に資することのできる質的研究法であってほしいと願っています。

以上です。これでTEA講習会を終了します。

文　献

松本玲子（2017）大学学生相談のトランスビュー．安田裕子・サトウタツヤ（編著），TEMでひろがる社会実装 ―― ライフの充実を支援する（pp.184-207）．誠信書房．

安田裕子（2005）不妊という経験を通じた自己の問い直し過程 ―― 治療では子どもが授からなかった当事者の選択岐路から．質的心理学研究，No.4, 201-226.

安田裕子（2018）トランスビュー．能智正博・香川秀太・川島大輔・サトウタツヤ・柴山真琴・鈴木聡志・藤江康彦（編），質的心理学辞典（p.227）．新曜社．

安田裕子・サトウタツヤ（編著）（2012），TEMでわかる人生の径路 ―― 質的研究の新展開．誠信書房．

Valsiner, J. (2001) *Comparative study of human cultural development*. Madrid: Fundacion Infancia y Aprendizaje.

おわりに

　本書『カタログ TEA ── 図で響きあう』は、2015 年 3 月にワードマップシリーズ『TEA 理論編』『TEA 実践編』を手掛けていただいて以降、新曜社より TEA に関する書籍として刊行された 3 冊目の書となる。この間、TEA は理論的進展を続け、また研究実践上でもその適用に広がりをみせた。社会実装に活用しようとする動向もある。さまざまな学問領域で、それぞれにユニークな研究目的のもと、TEA の概念を必要に応じて用い、時間の持続とともにある人のライフ（生命・生活・人生）がとらえられてきているが、とりわけ本書は、図でいかに表現するかという TEA 研究の特徴のひとつに焦点をあてて編んだものである。

　私たちの生の実践は時間の持続とともにある。社会的・文化的文脈に埋め込まれてもいる。そこここで、時間と場の制約と可能性のもと、個々人の尊いライフが実現されている。その様相をいかにとらえ表現するかということには、何らかの焦点化がなされることになる。研究とはそもそもそういうものであるが、TEA ではとりわけ、特有の概念を用いて、とらえられた経験や現象の時間的な変容と維持を、図を用いて表現しようとする。

　そこには、歴然と存在する当事者のライフはもとより、当該経験・現象をとらえる研究者の視点が存在する。そして、何らかの意図（研究目的）をもって描き出された図は、ひとつのモデルとして機能する。産出された知を受けとる読み手に視点を移せば、当該経験・現象の把握を通じて、広い意味での自らの生き方モデルとしたり、また当該経験・現象の周辺他者としての関わり方モデルとしたりして、生かされる知となる。その際、鳥の目になって俯瞰的にとらえたり、亀の目になって当該経験・現象にマイクロに接近したりすることができるのが、またおもしろい。当該経験・現象の当事者、意味ある知として分析・提示する研究者、時空を超えて何らかの学びの糧とする読み手。TEA で可視化した図を通じた響きあいが、さまざまな次元で生じている。図を介した理解や学びや発見が数珠つなぎとなる。それは文化を異にする者同士の対話の手立てにもなるだろう。文化心理学を基盤とし、システムとしての当該経験・現象の把握に挑戦する TEA は、こうした到達点をもたらしてきた。

　到達点は常に更新されてもいく。今の有り様は未来を導きだす。システムの描き方に関するさらなる挑戦や、記号論的文化心理学の理論的精緻化、分岐が生みだされる様相の把握に理論的・方法論的な貢献をもたらしうる展結という概念の採りいれなど、TEA は進展を続けてもいる。山を越えてまた新たに見えてくるであろう景色を楽しみに想っている。

2022 年 12 月 26 日

安田裕子

監修者・編者・執筆者一覧　（[　]内は執筆担当）

監修者

サトウタツヤ（佐藤達哉）［はじめに・第 9 章］

立命館大学総合心理学部教授／学部長。専門は文化心理学、質的探究、心理学史。博士（文学）。単著に『臨床心理学小史』（ちくま新書、2022 年）、『臨床心理学史』（東京大学出版会、2021 年）、『質的心理学の展望』（新曜社、2013 年）、共編著に『ワードマップ 心理検査マッピング』（新曜社、2022 年）『ワードマップ 質的研究法マッピング』（新曜社、2019 年）、『質的心理学辞典』（新曜社、2018 年）、"Making of the future: The Trajectory Equifinality Approach in cultural psychology"（Information Age Publishing, 2016）など。

安田裕子（やすだ ゆうこ）［第 7 章 2 節・第 9 章・第 10 章・おわりに］

立命館大学総合心理学部教授。専門は臨床心理学、生涯発達心理学、質的研究。博士（教育学）。単著に『不妊治療者の人生選択』（新曜社、2012 年）、共編著に『TEA による対人援助プロセスと分岐の記述』（誠信書房、2022 年）、『児童虐待における司法面接と子ども支援』（北大路書房、2021 年）、『TEM でひろがる社会実装』（誠信書房、2017 年）、『ワードマップ TEA 理論編』『ワードマップ TEA 実践編』（新曜社、2015 年）など。

編　者

上川多恵子（かみかわ たえこ）［第 2 章・コラム 6・第 8 章扉］

立命館大学大学院人間科学研究科博士課程後期課程、創価大学日本語・日本文化教育センター非常勤講師。専門は日本語教育、文化心理学、異文化理解。修士（言語教育情報学）。著書に『TEM でひろがる社会実装』（分担執筆、誠信書房、2017 年）。

宮下太陽（みやした たいよう）［第 1 章・第 5 章扉・コラム 3・第 6 章扉］

株式会社日本総合研究所未来社会価値研究所兼リサーチ・コンサルティング部門シニア・マネジャー。専門は文化心理学、質的探究、人的資本管理。修士（心理学）。著書に『CSR に効く！企業 & NPO 協働のコツ』（分担執筆、風媒社、2007 年）。

伊東美智子（いとう みちこ）［第 4 章扉・コラム 2・第 7 章扉・コラム 5］

神戸常盤大学保健科学部看護学科講師／助産師。専門は看護学（母性看護学）、文化心理学。修士（学校教育学）。著書に『TEM でひろがる社会実装』（分担執筆、誠信書房、2017 年）。

小澤伊久美（おざわ いくみ）［第 3 章扉・コラム 1・コラム 4］

国際基督教大学教養学部課程上級准教授。専門は日本語教育、プログラム評価、文化心理学。修士（比較文化）。著書に『PAC 分析（PAC 分析研究・実践集 3）』（分担執筆、ナカニシヤ出版、2022 年）、『日本語教育のための質的研究入門』（分担執筆、ココ出版、2015 年）など。

執筆者（執筆順）

若杉美穂（わかすぎ みほ）　宝塚医療大学留学生別科・介護福祉別科　[第3章1節]

若月祥子（わかつき さちこ）　弘益大学校造形大学助教授（韓国）[第3章2節]

上田よう子（うえだ ようこ）　玉川大学教育学部乳幼児発達学科講師（専任教員）[第3章3節]

中本明世（なかもと あきよ）　甲南女子大学看護リハビリテーション学部看護学科講師　[第3章4節]

髙井かおり（たかい かおり）　明星大学人文学部国際コミュニケーション学科特任准教授　[第3章5節]

畑中美穂（はたなか みほ）　心といのちの性教育研究所主宰、北九州市スクールカウンセラー、
　福岡水巻看護助産学校非常勤講師　[第4章1節]

香曽我部 琢（こうそかべ たく）　宮城教育大学大学院教育学研究科准教授　[第4章2節]

姫田知子（ひめだ ともこ）　四国大学短期大学部幼児教育保育科講師　[第4章3節]

廣瀬眞理子（ひろせ まりこ）　関西学院大学文学部非常勤講師／文学部心理科学実践センター相談員 [第4章4節]

福井のり子（ふくい のりこ）　株式会社バイタルリード総合計画部 次長 兼 新規事業推進室室長　[第4章5節]

保木井啓史（ほきい たかふみ）　福島大学人間発達文化学類准教授　[第4章6節]

濱名 潔（はまな きよし）　認定こども園武庫愛の園幼稚園・学校法人あけぼの学院法人本部副本部長
　[第4章6節]

河口麻希（かわぐち まき）　鹿児島県いちき串木野市立生福小学校教諭　[第4章6節]

阪下ちづる（さかした ちづる）　東京大学大学院教育学研究科博士課程　[第5章1節]

上田敏丈（うえだ はるとも）　名古屋市立大学大学院人間文化研究科教授　[第5章2節]

張 暁紅（ちょう あきこう）　関西大学教育推進部特任助教　[第5章3節]

石盛真徳（いしもり まさのり）　追手門学院大学経営学部経営学科教授　[第6章1節]

河合直樹（かわい なおき）　岐阜県中央子ども相談センター家庭支援課家庭支援第一係長　[第6章2節]

豊田 香（とよだ かおり）　拓殖大学別科特別非常勤講師　[第6章3節]

松永妃都美（まつなが ひとみ）　長崎大学原爆後障害医療研究所 国際保健医療福祉学研究分野(原研国際) 助教
　[第7章1節]

三尾亜喜代（みお あきよ）　岐阜大学医学部看護学科准教授　[第7章3節]

佐藤美紀（さとう みき）　愛知県立大学看護学部准教授　[第7章3節]

土元哲平（つちもと てっぺい）　日本学術振興会（大阪大学）・特別研究員PD　[第7章4節]

上村 晶（うえむら あき）　桜花学園大学 保育学部保育学科教授　[第8章1節・第8章2節]

青野篤子（あおの あつこ）　福山大学名誉教授　[第8章3節]

松山博明（まつやま ひろあき）　追手門学院大学社会学部社会学科教授　[第8章4節]

土屋裕睦（つちや ひろのぶ）　大阪体育大学スポーツ科学研究科教授　[第8章4節]

新曜社　**カタログ TEA**（複線径路等至性アプローチ）
図で響きあう

初版第 1 刷発行　2023 年 2 月10日

監修者　サトウタツヤ・安田裕子
編　者　上川多恵子・宮下太陽・伊東美智子・小澤伊久美
発行者　塩浦　暲
発行所　株式会社　新曜社
　　　　101-0051　東京都千代田区神田神保町 3 - 9
　　　　電話（03）3264-4973（代）・FAX（03）3239-2958
　　　　e-mail : info@shin-yo-sha.co.jp
　　　　URL : https://www.shin-yo-sha.co.jp

組　版　Katzen House
印　刷　新日本印刷
製　本　積信堂